AF581808

DE
L'INSURRECTION
PARISIENNE,
ET DE
LA PRISE
DE LA BASTILLE;

DISCOURS historique, prononcé par extrait dans l'assemblée nationale, par M. DUSAULX, de l'académie des belles-lettres, l'un des électeurs réunis le 14 juillet 1789, représentant de la commune de Paris, et l'un des commissaires actuels du comité de la Bastille.

> Il ne s'agit point ici d'une fiction, mais d'un fait.
> JUV.

A PARIS,

Chez DEBURE l'aîné, Libraire, rue Serpente, Hôtel Ferrand, n°. 6.

M. DCC. XC.

AUX

SOLDATS PATRIOTES

Rassemblés à Paris pour la fédération générale, le 14 juillet 1790.

AMIS, ce jour sera consigné dans de nouvelles annales (1).

Dès qu'il fut décidé que nos freres des diverses provinces viendroient à Paris pour y resserrer avec nous les nœuds d'une éternelle confraternité, je me hâtai de rassembler tout ce qui pouvoit leur faire aimer et chérir les Parisiens, qu'ils ont si bien secondés, et à qui tous les jours ils donnent de si grands exemples de patriotisme.

(1) Dies *memoranda novis annalibus.*

Juv. *Sat. II*, *v.* 102.

On prévient que l'on retrouvera dans le texte le sens ou l'imitation de la plupart des passages latins cités dans le cours de cet ouvrage.

Puisse ce travail précipité, m'obtenir, non des éloges, mais de l'indulgence, de l'affection !

Je suis, ô mes braves et respectables compatriotes ! ce que j'ai toujours été,

Votre frere et fidele ami,

DUSAULX,
sexagénaire.

P. S. Je compte avec reconnoissance le nombre de mes années, puisqu'elles m'ont fait voir enfin ce que j'ai tant desiré, la liberté de mon pays.

AVERTISSEMENT.

Le jour où nous eûmes l'honneur, mes collegues et moi, de présenter à l'assemblée nationale (1) les braves citoyens qui ont le plus contribué à la prise de la Bastille, nous demandâmes à cette auguste assemblée la permission de mettre incessamment sous ses yeux les principales scenes des grands jours de notre insurrection. Ainsi nous ne faisons, aujourd'hui, qu'acquitter une dette solemnellement contractée.

Pour être mieux compris, et jeter, pour ainsi dire, mes lecteurs au milieu des événements, j'ai cru qu'il convenoit d'abord de donner une espece de nomenclature de quelques faits essentiels, et dont ne sauroient être parfaitement instruits les soldats nationaux, qui, sous peu de jours,

(1) Le 6 février 1790, à la séance du soir.

vont entourer avec nous l'autel de la patrie.

Elle pourra servir, cette nomenclature, à l'intelligence du *Discours historique*, et lui tenir lieu de supplément, comme une table chronologique sert à ceux qui étudient l'histoire.

Je finirai par des considérations et des anecdotes relatives, tant aux principaux agents de la révolution parisienne, qu'à des circonstances particulieres, et que j'ai soigneusement observées, dont j'ai pris des notes sur le lieu même ou peu de temps après les événements.

On me saura gré, peut-être, d'avoir supprimé toutes sortes de conjectures, de n'avoir parlé affirmativement que de ce que j'ai vu, de ce que j'ai entendu de la bouche de ceux même qui ordonnoient ou agissoient; car tout est de conscience dans cet écrit, quel qu'il soit. D'ailleurs, je n'y ai jugé des hommes et des choses que d'après les faits, dont la plupart sont authentiques; et cela sans faveur, sans passion : mon caractere et mes principes y répugnent également (1).

Au reste, je prie d'observer que, respectant les diverses fonctions qui m'avoient été confiées (2), je ne me suis furtivement livré à cet ouvrage, composé à la hâte et publié de même, que pendant quelques unes de ces nuits plus tranquilles que les autres, et que nos ennemis nous ont si rarement accordées.

---

(1) Sine irâ et studio, quorum causas procul habeo.

TACIT.

(2) Le lendemain de la prise de la Bastille je suis entré, 1°. dans le comité des subsistances, 2°. peu de jours après, dans celui de la Bastille, pour en constater les vainqueurs, les blessés, etc., 3°. dans un autre comité relatif aux papiers de cette forteresse; 4°. j'ai eu l'honneur de présider l'assemblée générale de MM. les représentants, peu de temps, il est vrai, parcequ'il me prit un crachement de sang. Joignez à toutes ces occupations d'autres services tant à l'hôtel-de-ville que dans mon district.

Des ennemis ! Bientôt nous n'aurons plus que des freres. Les fêtes qui s'approchent vont nous réconcilier. Indépendamment de la grande solemnité du 14 juillet, décrétée par l'assemblée nationale, MM. les électeurs en avoient déja arrêté une autre, dont la motion suivante exposera le motif et l'intention.

MOTION AGRÉÉE,

Faite à l'archevêché le 22 février 1790, avant la lecture des procès-verbaux de MM. les électeurs de la ville de Paris, réunis le 14 juillet 1789.

MESSIEURS ET RESPECTABLES FRERES, car nous le sommes tous devenus le 14 juillet,

QU'IL est doux, après avoir été battu de la tempête, de s'en rappeller jusqu'aux moindres circonstances! qu'il est doux de revoir, pendant le calme, le tableau du naufrage, dont on ne s'est tiré que par le courage et la prudence! C'est ce qui nous rassemble aujourd'hui; car nous avons long-temps erré, Messieurs, à travers les écueils, sur une mer orageuse et loin des ports.

Que de sensations diverses vont nous être

rappellées! que de sentiments vont renaître dans nos cœurs! Et quand nous comparerons notre situation actuelle à ce qu'elle étoit avant l'insurrection, quel sera notre ravissement !

On peut, à tous égards, s'en rapporter à l'historien habile et non moins patriote que nous brûlons d'entendre (1).

Je ne retarderai pas long-temps, Messieurs, votre juste impatience. Qu'il me soit permis seulement de vous adresser un vœu que je soumets non seulement à votre sagesse, mais encore à la sensibilité de vos cœurs généreux.

N'est ce pas vous, Messieurs, qui, le 25 juin 1789, préparâtes dans le Musée ce jour qui va servir d'époque? ce grand jour où la chute soudaine de la Bastille, présageant celle de toutes les Bastilles tant profanes que religieuses, ébranlant jusque dans ses fondements le gothique et barbare édifice de la féodalité, justifia notre insurrection aux yeux de l'univers, retentit par toute la France, par toute l'Europe, dont elle releva les esprits abattus ?

(1) M. du Veyrier, l'un des secrétaires de MM. les électeurs, et chargé de la rédaction de leurs procès-verbaux.

La conscience de ce que vous avez entrepris et exécuté dans ces mémorables conjonctures suffit, sans doute, à des ames telles que les vôtres. Mais vous seroit-il défendu, quoique vous ayez constamment rejeté toutes les distinctions personnelles, tous les signes extérieurs et périssables (1), de consacrer par un élan purement patriotique, la journée décisive où la France entiere, à votre exemple, a brisé ses fers et reconquis la liberté ?

Je vote donc, Messieurs, pour qu'il soit arrêté (2), dans cette séance, que les électeurs, accompagnés des vainqueurs de la Bastille,

(1) Le même esprit s'est conservé jusqu'à ce jour dans les sessions suivantes. Le 9 janvier 1790, MM. les représentants de la commune refuserent l'argent qui leur avoit été secrètement envoyé pour les gratifier d'une médaille frappée en leur honneur. Ne nous relâchons point sur cet article; car nous sommes perdus si la vanité s'en mêle. *Voyez le n°. 1 des procès-verbaux de MM. les représentants.*

(2) Au lieu *d'arrêté*, peut-être aurois-je dû dire: pour qu'il soit *convenu ;* car, du moment que nous avons été remplacés, nous n'étions plus capables d'aucun acte public. Au reste, notre conduite antérieure a suffisamment prouvé que nous ne som-

se rendront tous le 14 juillet prochain, et d'année en année, jusqu'au dernier vivant, à l'hôtel-de-ville, pour aller ensuite à Notre-Dame, où il sera chanté un TE DEUM et prononcé un discours relatif à cette auguste cérémonie.

Un festin patriotique suivra cette fête, qui deviendra successivement plus solemnelle et plus touchante.

A mesure que le temps qui fuit et nous entraîne éclaircira nos rangs, le public comptera nos pertes, partagera nos regrets, et reportera toute sa bienveillance sur les derniers représentants de ces fiers électeurs, qui, pendant les grands jours de notre insurrection, envisagerent sans effroi le glaive suspendu sur leurs têtes; qui, jour et nuit, veillant sur le sort de leurs conci-

---

mes pas de caractere à jamais affecter aucune sorte de prérogative illégale. Je déclare donc ici, au nom de mes collegues, qui ne m'en désavoueront pas, que la réunion dont il s'agit n'aura jamais lieu que sous le bon plaisir des sections et de la municipalité : nous espérons qu'elles voudront bien la permettre, comme elles permettent les diverses associations de citoyens, lorsque celles-ci n'ont qu'un but honnête et conforme à l'ordre reçu, à l'ordre généralement établi.

toyens, les délivrerent des brigands et des harpies.

Ah! Messieurs, de quel œil seront regardés et même contemplés ces illustres témoins, ou plutôt ces auteurs de la plus grande et de la plus belle révolution dont on ait encore conservé le souvenir!

Ne craignez pas, quand la mort les aura tous moissonnés, que la mémoire en soit abolie: non, Messieurs, c'est alors que commencera leur véritable triomphe: il sera perpétué d'âge en âge (1), et tant que les citoyens de cette immense capitale chériront les saintes loix, qu'ils n'auroient peut-être jamais obtenues sans votre dévouement.

Selon le cours de la nature, je dois, l'un des premiers, lui payer mon tribut; et si vous m'accordez, Messieurs, ce que je sollicite en l'honneur de la révolution, mes yeux

---

(1) Le mardi 2 mars 1790, l'assemblée nationale décréta que les troupes prêteroient le serment civique le 14 juillet de chaque année, *art. IX*. Dès le 9 janvier 1790, la commune de Paris avoit fixé le serment des jeunes gens à la même époque, *procès-verbal*, *n°*. 1. Méritons que le ciel nous favorise, et ce même serment sera répété dans vingt siecles.

défaillants ne jouiront pas long-temps encore du renouvellement de cette fête, dont la seule idée ravit mon esprit et pénetre mon cœur.

Mais en mourant, fût-ce demain, qui de nous, ô mes chers concitoyens! n'exhaleroit pas avec joie son ame satisfaite et triomphante, pouvant se dire à lui-même: — Je vivrai du moins dans la mémoire de mes généreux collegues ; et quand ils ne seront plus, ce que nous avons fait vivra tant que le soleil continuera d'éclairer ce bel empire, enfin délivré des fers du despotisme ?

Messieurs et respectables freres, tel est le monument modeste, mais durable (1), que je propose de consacrer à ceux dont je n'ai suivi que de loin les sublimes exemples. L'envie souille le marbre, ronge l'airain; mais elle n'a point de prise sur la vertu, quand elle est avérée.

---

(1) Modicum et mansurum.

Tacit.

L'OEUVRE

L'OEUVRE

DES

SEPT JOURS,

OU

NOTICE

TIRÉE de mon journal, de plusieurs autres journaux, et sur-tout des procès-verbaux de MM. les Électeurs de la ville de Paris, depuis le 12 Juillet 1789 jusqu'au 18 du même mois inclusivement.

AVANT de passer aux grands jours de notre insurrection, il convient de jeter un coup-d'œil sur ceux qui les ont préparés.

Les électeurs de la ville de Paris, rassemblés à l'archevêché dès le 26 avril 1789, eurent la prudence, le 10 mai de la même année, d'arrêter, avant de se séparer, que leurs séances continueroient à volonté, pendant la tenue de ce qu'on appelloit alors *les états-généraux*, et que l'on appelle maintenant *l'assemblée nationale.* C'est à cet arrêté que la France entiere doit peut-être son salut.

Nous ne perdîmes point de vue les députés que nous venions de nommer : ceux-ci, de leur côté, nous instruisirent des différents conflits des trois ordres discordants, et des vicissitudes de cette assemblée, qui se perfectionnoit en se simplifiant, et devenoit insensiblement nationale.

Après un mois de discussions, de prétentions, d'oppositions, tant de la part du clergé et de la noblesse, qui faisoient cause commune, que de la part du ministere, qui ne cherchoit qu'à profiter des dissensions, nous apprenons ce qui s'étoit passé à Versailles du 17 au 23 juin. Sous prétexte d'une séance royale, la salle des états-généraux, occupée par des gens armés, y avoit été scandaleusement fermée aux représentants de la nation. Les députés, cherchant un asyle, n'en avoient pas trouvé d'autre que dans un jeu de paume. Enfin nous apprimes que le pouvoir arbitraire étoit prêt à dissoudre cette auguste assemblée. Nous sentîmes dès lors que tout étoit perdu, si nous n'avions pas le courage de nous dévouer et de voler au secours de la chose publique.

On prétendit que nos pouvoirs étoient finis : nous n'en crûmes rien, et nous agîmes en conséquence, bien persuadés que de vrais citoyens ont toujours le droit de sauver la patrie. Mais où nous rassembler ? car, depuis le départ de nos députés, les salles de l'archevêché et celles de l'hôtel-de-ville nous étoient également interdites.

Craignant de perdre le fruit de nos premiers travaux, nous osâmes, le 25 juin de cette même année, sous l'œil vigilant des fauteurs du despotisme, plus inquiets que de coutume ; nous osâmes, au nombre de deux ou trois cents, nous réunir en plein jour dans la salle du musée de la rue Dauphine, espece de cabaret (1), qui, tel que le jeu

(1) Cette salle qui, précédemment, avoit servi à des gens de lettres pour y tenir leurs séances, étoit alors louée par un traiteur. Nous la trouvâmes remplie par une noce de quatre-vingts convives. Ils ne

de paume de Versailles, servit de berceau à notre naissante liberté.

Un électeur, M. Thuriot de la Rosiere, y prouva que nous avions le droit de nous faire ouvrir sur le champ les portes de l'hôtel-de-ville, et d'y tenir nos séances. — Levez-vous, dit-il, marchez, et suivez-moi.

On le suivoit, lorsqu'un autre électeur s'écria : — « Citoyens, où courez-vous? Le peuple qui vous aime et vous respecte, le peuple qui attend, avec impatience, autour de cette enceinte, le résultat de vos délibérations, vous précédera. Indignés des refus qui ont été faits à leurs représentants, quarante mille hommes enfonceront les portes de votre ancien asyle, et détruiront peut-être le palais de la commune. D'ailleurs, ne voyez-vous pas que la moindre violence, dans de pareilles conjonctures, exposeroit la ville, et compromettroit l'assemblée nationale? La nuit s'approche, ajouta-t-il; restez donc, restez ici, pour y mûrir vos généreux

---

surent pas plutôt ce qui nous y amenoit, que les hommes, les femmes, et jusqu'aux enfants, disparurent, après nous avoir embrassés et félicités.

projets ; et je vous réponds, sur ma tête, que ce que l'on vous refusoit hier, vous l'obtiendrez demain. »

Cet avis l'emporta ; et tout, depuis, nous a prospéré, quoique nous ayons eu bien des obstacles à surmonter. Dès lors notre correspondance fut établie sans interruption avec l'auguste assemblée, aux décrets de laquelle nous nous empressâmes d'adhérer, et sur-tout à la fameuse délibération du 17 juin.

Le reste de la séance fut employé à se prémunir contre les manœuvres des ennemis du bien public. Un jeune homme, M. de Bonneville, qui s'étoit, à cet égard, exprimé avec beaucoup de sagesse et de maturité, s'enflammant tout-à-coup, et prévoyant ce qui devoit bientôt nous arriver, s'écria : —Aux armes ! aux armes ! Les uns en frémirent d'horreur, les autres lui sourirent ; et l'un de nous lui répondit : — Jeune homme, il n'est pas encore temps ; remettons cette motion à la quinzaine.

C'est à partir de ce jour que nous commençâmes à nous connoître, et à désigner ceux à qui nous pouvions confier avec sécurité l'honneur de gouverner notre vaisseau dans la tourmente : Aux de la Vigne, aux Moreau de S.-Méry, Blondel, Oudard, Berthelio, Pitra ; à cinquante autres de même trempe, et qui avoient tous l'accent de la liberté.

Une fois installés à l'hôtel-de-ville, où nous fûmes assez tranquilles pendant près de 15 jours, nous eûmes d'intimes rapports avec tous nos concitoyens, avec toutes les provinces du royaume ; et déja se formoit cette coalition, en présence de laquelle les troupes ministérielles et ceux qui les faisoient mouvoir, comme pétrifiés par la tête de Méduse, ont laissé tomber la Bastille, et, avec elle, tous les pouvoirs tyranniques.

Cependant quelques uns de nous pressentirent les tempêtes prochaines. L'actif et vigilant de Leutres nous avoit, le samedi 11 juillet, avertis de nous tenir sur nos gardes. — Le lundi 13, nous disoit-il, pourroit bien amener de plus grands malheurs encore que ceux de la désastreuse journée du 13 juillet de l'année précédente, jour fatal, où l'on sait qu'une partie de la France fut ravagée par la grêle.

LE DIMANCHE

12 JUILLET 1789.

Le matin on trouve au coin des rues une affiche, DE PAR LE ROI, etc. On vouloit nous endormir par cette affiche insidieuse, et nous persuader, comme à de bons Gaulois, que le rassemblement des troupes dans les environs de Paris et de Versailles, n'étoit qu'une simple précaution contre les brigands. Nous en connoissions, en effet, et de fort redoutables; mais ce n'étoit pas de ceux-là qu'il s'agissoit; aussi personne ne fut la dupe de cette précaution.

A midi le bruit se répand que M. Necker est renvoyé, qu'il est parti (1). La consternation fut générale, et l'on ferma les spectacles. Les premiers qui débiterent la nouvelle de

(1) On put lui appliquer ce que Tacite dit de Burrhus après la mort de cet illustre Romain: *Civitati grande desiderium ejus mansit.*

Ann. lib. 14, §. 51.

son départ furent maltraités comme menteurs et gens mal intentionnés.

Le Palais-Royal se remplit de monde entre quatre et cinq heures après midi : on y accouroit de toutes parts. Deux bustes en cire, que l'on venoit de prendre chez Curtius (1), y furent promenés ; et le peuple, à la vue de ces especes de fantômes, se livroit à des conjectures extravagantes.

Un jeune homme, monté sur une table, y cria : — Aux armes ! tira l'épée, montra un pistolet et une cocarde verte. La foule qui l'écoutoit, le regardoit, passoit, à son exemple, d'un silence profond à d'horribles clameurs. On s'anime, on s'excite ; et les feuilles des arbres, arrachées en un instant, servirent de cocardes à plusieurs milliers d'hommes : ce fut une véritable explosion, et dont le bruit dura pendant trois jours.

Ces signaux de guerre civile, dont pâlissoient les paisibles citoyens, furent bientôt répétés dans tous les quartiers de la ville ; et l'on marcha vers la place de Louis XV,

---

(1) Sculpteur qui montre au public diverses effigies, et sur-tout celles de nos contemporains, illustres ou *fameux*.

qui, malgré l'affiche du matin, se remplissoit de troupes menaçantes.

Après l'irruption faite dans les Tuileries par le prince de Lambesc, colonel du régiment Royal-Allemand, cavalerie, un grand nombre de citoyens se porterent à l'hôtel-de-ville, où il n'y avoit guere que quinze ou seize de nos membres au bureau.

Nous apprîmes que, dans cette conjoncture, un soldat des Gardes-Françoises avoit été tué d'un coup de pistolet, par un dragon; que le nommé Chauvet, maître de pension, âgé de 64 ans, avoit été blessé par le prince (1), et qu'ensuite toutes les boutiques des armuriers avoient été pillées. On ne prit point d'or ni d'argent, on ne vouloit que du fer.

Nous arrêtâmes unanimement que les districts seroient convoqués, seroient armés; et ce fut alors que nous nous rappellâmes la motion faite au musée par le jeune de Bonneville (2).

---

(1) Voyez le *Précis historique et justificatif de Charles-Eugene de Lorraine, prince de Lambesc*, Journal de Paris, année 1790, n°. 153.

(2) M. Carra, non moins décidé que ce jeune

Il n'y avoit plus à reculer après cet acte vigoureux; nous le savions tous, et nous étions résignés.

Comme les choses et les hommes changerent subitement d'aspect! comme de paisibles citoyens, sans projets, sans intrigue, et soumis à l'ancien joug, furent emportés, à leur insu, dans le tourbillon des discordes civiles!

On redoutoit la nuit; mais elle fut assez calme.

---

homme, nous avoit déja, en mai 1789, ouvert le même avis à l'archevêché; et l'on peut affirmer que personne n'a mieux que lui pressenti, dès l'origine, les suites de cette révolution, dont il peut dire : *Et quorum pars magna fui.*

LE LUNDI 13.

M. de la Vigne, l'un de nos présidents, qui, avec M. Agier, électeur, avoit été à l'assemblée nationale pour y rendre compte de la situation de Paris, et prendre, à cet égard, des ordres relatifs à la conduite que nous avions à tenir, ayant reçu d'un membre de cette auguste assemblée la note suivante, nous en fit part à son retour. Je la consigne ici cette note, pour honorer le patriotisme prompt et soutenu de l'illustre député dont il s'agit.

« M. Dupont, conseiller d'état, chevalier de l'ordre de Vasa, et son fils, âgé de 18 ans, demeurants rue du Petit-Musc, n°. 17, demandent à être compris au rôle de la milice bourgeoise, si elle est établie ». Cet exemple n'a point manqué d'imitateurs, même parmi la noblesse, dont plusieurs membres nous ont si bien secondés.

Le peuple prétendoit que la ville avoit un arsenal secret; ce préjugé manqua de nous perdre tous, et nous compromit à plusieurs reprises. On nous demandoit ce qu'étoient devenus d'anciens canons et d'autres armes:

nous avions beau répondre que vraisemblablement les uns avoient été fondus, les autres réformés, le peuple ne se payoit point de ces présomptions.

A neuf heures du matin la multitude, qui s'exaltoit de plus en plus, s'empara du dépôt des armes des gardes de la ville, et se distribua 360 fusils. Elle enleve ensuite le drapeau de la ville, malgré M. le Grand de Saint-René, qui tenoit le bureau. Cet intrépide électeur, quoiqu'infirme, lui seul poursuivit le drapeau jusqu'au milieu de la place, et s'y prit si bien, que les ravisseurs le rapporterent volontairement où ils l'avoient saisi.

A dix heures on sonne le tocsin, tant à l'hôtel-de-ville que dans toutes les églises. Des tambours, dans les différents quartiers, appelloient les citoyens. On se rassemble sur les places, dans les jardins; on s'y forme en troupes, qui bientôt prirent des noms; les unes furent appellées Volontaires du Palais-Royal, les autres Volontaires des Tuileleries, de la Basoche, de l'Arquebuse, etc.

La présence du prévôt des marchands nous étoit nécessaire: on va donc chercher M. de Flesselles. Il arrive; il est applaudi par une foule immense: — Mes amis, leur dit-il, je suis votre pere, et vous serez contents. Il ne put jamais les contenter.

Ne pouvant pas suffire dans notre salle à toutes les demandes, à toutes les plaintes, M. Ethis de Corny, procureur du roi à la ville, opine à ce qu'il soit formé un comité permanent, c'est-à-dire un comité qui, jour et nuit rassemblé à l'hôtel-de-ville, travaille, et sur le champ, à rétablir la tranquillité publique. On ne nomma d'abord que quatorze membres, qui, le soir même, furent augmentés.

Le nombre des citoyens, dans cette assemblée, l'emportoit de beaucoup sur celui des électeurs ; et c'est pourquoi quelqu'un, qui n'étoit pas des nôtres, se plaignit de ce qu'on ne nommoit que ces derniers. — Qui voulez-vous donc que l'on nomme, lui dit M. de Leutres? — Moi, répondit le brave Grélet, et il fut nommé par acclamation.

Quand le comité fut formé, — A qui prêter serment? demanda M. de Flesselles? — A l'assemblée des citoyens, répondit M. de Leutres ; car aujourd'hui nous concourrons tous également à notre salut commun.

On sonne de nouveau le tocsin (1). Le

(1) Pour nous faire oublier ce terrible tocsin,

drapeau est enlevé et rapporté pour la seconde fois.

Sur ces entrefaites nous apprenons que plusieurs barrières ont été brûlées la veille et ce jour même; que les commis à la perception des droits d'entrée sont dispersés; que la maison de Saint-Lazare est dévastée : mais nous apprenons aussi que ce même peuple qui l'avoit attaquée en avoit en grande partie sauvé les grains, et, tandis qu'il en manquoit lui-même, les avoit portés à la halle. Nous prions les détracteurs de la révolution d'en bien considérer les moindres agents, et de nous déclarer franchement ce qu'ils en pensent. Un pauvre citoyen avoit rapporté du garde-meuble, que l'on avoit aussi forcé, une des épées de Henri IV. Quelqu'un lui offrit en échange un louis d'or et une autre épée : — Elle est plus riche, répondit-il; mais je n'en veux point, ce n'est pas celle de notre bon Henri.

On amenoit de toutes parts à l'hôtel-de-ville un nombre infini de voitures, de cha-

---

quelqu'un proposoit dernièrement que tous les carillons de Paris, le 14 juillet prochain, se fissent entendre d'heure en heure.

riots, de charrettes, arrêtés aux portes de la ville, et chargés de toutes sortes de provisions, de vaisselle, de meubles, de subsistances, etc., de sorte que la place de Greve fut, pendant plusieurs jours, l'un des plus riches entrepôts de l'Europe, mais aussi le plus turbulent et le moins accessible.

Le peuple, qui ne soupiroit qu'après des armes et des munitions, car c'étoient là, depuis deux jours, ses premiers ou plutôt ses seuls besoins; le peuple nous arrivoit en foule et devenoit plus pressant de minute en minute; ses instances et ses menaces redoublerent sur le midi.

A une heure et demie ou environ, le prévôt des marchands annonce que M. Pressoles, directeur des armes de la manufacture de Charleville, lui a promis douze mille fusils, qui seront bientôt suivis de trente mille autres. On l'en croit sur sa parole. Le comité se rassure, et il arrête que le fond de la milice parisienne sera porté, jusqu'à nouvel ordre, à 48,000 citoyens.

Projetant d'avoir des troupes, il nous falloit des chefs. On offrit le commandement général au duc d'Aumont; il demanda vingt-quatre heures pour y songer. Le marquis de la Salle fut nommé commandant en second, et nous jura, sans hésiter, que sa fortune et sa vie seroient toujours au service de la commune. Il y a déja perdu l'une, et cent fois risqué l'autre.

Ensuite on substitua les cocardes rouges et bleues aux cocardes vertes, et l'on motiva ce changement.

Le soir tout étoit dans la plus grande fermentation ; on ne parloit que des troupes qui devoient nous assaillir de différents côtés. Nous avions déja reçu les soixante districts, nous les avions entendus. Leur langage ne le cédoit en énergie ni aux Grecs ni aux Romains des plus beaux siecles. En général, mettez les hommes dans les mêmes circonstances, sur-tout quand il s'agit de la liberté, dont le sentiment et le regret remuent jusqu'aux esclaves, ils parleront, ils agiront de même.

Quoique ces districts eussent pris d'eux-mêmes les plus sages mesures pour empêcher l'ennemi de s'approcher, ils nous regardoient comme leurs peres et leurs sauveurs : grand exemple pour les sections futures!

Nous cherchions de la poudre, nous en demandions de tous côtés, tandis qu'il en sortoit

sortoit secrètement cinq milliers de Paris. Ils sont arrêtés et saisis, car le peuple ne faisoit point de grace sur cet article; et c'est à cette surveillance que nous devons nos succès.

On la dépose cette poudre qui devoit enfin servir aux opprimés pour s'affranchir des oppresseurs, on la dépose dans une salle basse de l'hôtel-de-ville; et un abbé, notre collegue, fut chargé d'en faire la distribution.

Commission dangereuse, et qui a mis plusieurs fois ce brave et respectable abbé le Fevre à deux doigts de la mort! Premièrement, et ce fut en ce jour même, lorsqu'on tira un coup de fusil sur les tonneaux dont il étoit le gardien, et un coup de pistolet sur sa propre personne; lorsque, la nuit suivante, la porte du magasin où il étoit avec ces poudres fut brisée à coups de haches, qui faisoient feu sur les clous dont elle étoit garnie; enfin, lorsqu'un homme ivre entra peu de temps après dans ce magasin, ou plutôt cette mine située sous notre salle, toujours remplie de citoyens, y entra la pipe à la bouche et fumant sur les barils ouverts: l'abbé n'en put venir à bout qu'en achetant cette pipe allumée, qu'il lança dans la cour (1).

Je suis entré dans ces détails, pour offrir, en passant, à mes concitoyens un sujet digne de toute leur reconnoissance. Mais achevons la journée du lundi.

Les événements se succédoient avec tant de rapidité qu'ils se confondoient, et que j'ai bien de la peine à les remettre en ordre. Les heures m'échappent. La voiture du prince de Lambesc, amenée sur la place, y est brûlée : on sauve sa malle, dont les effets furent rapportés sur le bureau de l'assemblée.

Un peuple nombreux, et les patrouilles

---

(1) Ajoutez que, dans la terrible journée du 5 octobre 1789, M. l'abbé le Fevre fut, à onze heures du matin, entraîné, la corde au cou, par des bacchantes ou plutôt des furies, jusqu'au haut du clocher de l'hôtel-de-ville, et que, sans deux femmes courageuses, il y auroit perdu la vie.

En dernier lieu, le mardi 13 avril 1790, journée des plus critiques, escortant, dans la rue Saint-Honoré, des chariots pleins de fusils, on le prit pour un autre, et c'en étoit fait de lui, sans la garde nationale qui venoit d'arracher des mains du peuple MM. l'abbé Maury et le vicomte de Mirabeau.

qui commençoient à se former, continuoient à nous demander des armes : tous attendoient avec impatience l'effet des promesses, trop positives, du prévôt des marchands.

Ils apprennent que des caisses viennent d'arriver : sur l'étiquette *Artillerie*, on les croit pleines de fusils ; elles ne l'étoient que de vieux linge, de bouts de chandelles et de morceaux de bois. Comment et par qui ces caisses sont-elles parvenues à l'hôtel-de-ville ? à quel dessein ? Nous l'ignorons encore.

Un cri général s'éleve contre nous et contre le prévôt des marchands : — Le comité, disoient-ils, complice du bureau de la ville, trahit la cause commune ; et si nous les laissons faire nous allons bientôt être traités comme des conjurés. Ces soupçons furent tels, qu'ils duroient encore même après la chûte de la Bastille, et que plusieurs des vainqueurs de cette forteresse refuserent de nous apporter les munitions qu'ils y avoient saisies.

Quelque temps après (1) ces mêmes soupçons furent cause d'une méprise qui fit que quatre-vingts mille hommes demanderent

(1) Le 6 août 1789.

la tête de notre commandant, de ce généreux marquis de la Salle qui nous sert maintenant en qualité de soldat.

Nous ne négligeâmes rien de ce qui pouvoit appaiser nos concitoyens, dont, malgré leurs préventions et leurs emportements, nous admirions l'ardeur patriotique. Mais le prévôt des marchands gâta tout en donnant, à notre insu, des ordres qui ne servirent qu'à les aigrir encore plus. Il les envoya aux Chartreux et dans d'autres maisons où il n'y avoit point d'armes, pour y chercher des armes. L'imprudent ne songeoit pas qu'ils en reviendroient plus furieux, et qu'ils auroient le droit de lui demander compte d'un pareil procédé!

Quant à nous, qu'on se mette à notre place : tout étoit imprévu, et il falloit, à chaque instant, répondre à tout.

Ce que nous fîmes de mieux et de plus décisif, ce fut d'autoriser les districts à faire, sur le champ, fabriquer, aux dépens de la ville, des piques, des hallebardes et toutes sortes d'autres armes subalternes, mais que la valeur et le désespoir savent employer dans les grandes occasions.

Cinquante mille piques furent fabriquées

en moins de trente-six heures; et l'on peut les regarder comme les principaux instruments de notre naissante liberté. Je vote donc pour que ces piques soient déposées, en faisceaux, dans l'intérieur et autour du palais national que l'on se propose d'élever incessamment. Ces mâles et rustiques ornements apprendroient à nos derniers neveux que l'on ne doit pas plus compter sur des flatteurs à gage que sur les fausses ressources d'un luxe corrupteur.

On nous a remercié des piques; mais on a cruellement reproché au prévôt des marchands d'avoir, sous quelque prétexte que ce fût, donné le change à de braves gens, qui n'ont pas pu le lui pardonner.

En conséquence du nouveau régime qui s'établissoit, il falloit admettre dans notre salle, il y falloit entendre tout le monde, sans égard et sans distinction. On nous annonce, et ce trait peint à merveille l'esprit du peuple, qui, dans le trouble dont il s'agit, n'avoit pas perdu l'idée de la justice; que dis-je? il réprimoit alors ce qu'il se permettoit deux jours auparavant (1): on nous

(1) Metus hostilis in bonis artibus civitatem retinebant.

Flor. Jugur. §. 41.

annonce un mercadin, vendant des cocardes, et forçant les passants à les acheter, à les payer un petit écu, tandis, nous disoit-on, d'un air furieux, qu'elles ne valoient pas vingt-quatre sous. Les dénonciateurs du délinquant exigent qu'il soit traité comme criminel de *lese révolution.* Pour les satisfaire on promit de le punir.

Le trait suivant expliquera l'autre; car les petits faits, dans les grandes circonstances, ne sont pas toujours à dédaigner. L'un de nous, traversant la place de Greve, offrit un écu à un pauvre citoyen mal armé, qui l'avoit soutenu dans la foule : — Y songez-vous, lui dit-il? l'argent aujourd'hui ne sert à rien, et vous allez le voir. Qui veut cet écu, aujouta-t-il? c'est Monsieur qui le donne. — Point d'argent, point d'argent, s'écrierent ses camarades!

Le jour baissoit: on redouta les ténebres de la nuit; et c'est pourquoi nous ordonnâmes des illuminations. Ces signes ordinaires de l'allégresse publique, dénaturés par le contraste du silence, de la terreur; ces clartés solitaires, car les pelotons de gens armés que l'on voyoit passer de temps en temps, ne ressembloient qu'à des fantômes ; ces mornes clartés ne donnoient, à ceux qui entroient dans Paris, que des idées sombres, funebres, et ne leur indiquoient qu'un deuil universel.

Déja l'enceinte de cette ville étoit si bien gardée qu'on n'y pouvoit entrer sans décliner son nom. A dix heures du soir, Messieurs Rochard de Saron, premier président du parlement, et le Fevre d'Amécourt, conseiller de grand'chambre, nous furent annoncés. Tout ce qui tenoit au gouvernement que l'assemblée nationale avoit entrepris de réformer étoit suspect au peuple.

On avoit arrêté ces deux magistrats à leur retour de Versailles, et l'on nous dit que M. d'Amécourt y avoit été désigné à la place de M. Necker; ce qui, dans cette conjoncture, n'étoit pas une trop bonne recommandation. Nous leur fîmes sentir qu'ils seroient plus en sûreté par-tout ailleurs qu'à l'hôtel-de-ville, où nous ne pouvions répondre que de notre courage et de notre patriotisme.

Plusieurs d'entre nous, quoiqu'ils eussent supporté tout le poids de cette journée laborieuse et de la précédente, continuerent leurs fonctions, parcequ'ils étoient décidés et que le zele les soutenoit. Mais M. de Flesselles, encore plus malade d'esprit que de corps, succomboit à des soucis dévorants, à de cruelles incertitudes. Voyant qu'il avoit absolument besoin de repos, nous l'engageâmes à se retirer. Que ne l'a-t-il fait, ou que ne s'est-il montré plus citoyen (1)! Cependant il ne voulut point sortir de l'hôtel-de-ville et y coucha. Le lendemain nous le retrouvâmes plus fatigué que la veille.

MM. le Grand de Saint-René, Buffault, Vergne et Hyon resterent tous quatre dans la salle pour y tenir le comité pendant la nuit.

On faisoit alors dans le Palais-Royal de violentes motions, tant contre notre comité que contre le prévôt des marchands dont on juroit la perte; et cette espece de conspiration, qui devoit bientôt éclater, étoit fomentée dans plusieurs autres endroits.

A deux heures du matin (2), on vint don-

(1) Je parle comme on parloit alors; car je n'ai pas la simplicité de croire que la plupart des hommes, dévoués à l'ancien régime aient jamais été et puissent devenir citoyens,

(2) Du mardi 14.

ner l'alerte à nos quatre collegues. — Quinze mille hommes, leur dit-on, descendent de la rue Saint-Antoine vers la place de Greve, et l'hôtel-de-ville ne sauroit manquer d'être forcé. — « Il ne le sera pas, répondit M. le Grand de Saint-René; car je le ferai sauter « à temps »; et il étoit homme à le faire. Aussitôt il ordonne aux gardes de la ville de lui apporter six barils de poudre, de les déposer dans le cabinet voisin, communément appellé *la petite audience.* Les mal-intentionnés en pâlirent, et se retirerent au premier baril qui fut apporté.

LE MARDI 14.

Les deux jours précédents et celui-ci n'en forment qu'un par la contiguité des événements qui se croisoient, se confondoient et naissoient l'un de l'autre ; c'est ce qui nous a quelquefois empêché de fixer les heures avec précision. D'ailleurs, je prie d'observer que, dans les agitations où nous étions sans cesse, il ne nous a guere été possible de prendre des notes ; et que si l'un de nous, à la fin de cette journée, ne s'en étoit pas rappellé les principales circonstances, ne les avoit pas écrites sur le champ, une partie de ce que je publie aujourd'hui n'auroit jamais été connue ; MM. Moreau de Saint-Méry, le marquis de la Salle, Hulin, Élie, et tant d'autres, n'auroient pas été déja célébrés dans l'assemblée nationale (1).

Pendant la nuit du 13, et ce fut à-peu-près le seul incident, l'hôtel de la police avoit

(1) Le 6 février 1790, à la séance du soir.

été forcé par une troupe de citoyens armés et munis de flambeaux ; ce qui jeta l'alarme par-tout où ils passerent. Chacun, barricadant ses portes, les regardoit par les fenêtres, et nul n'osoit sortir. Ces hommes inquiets et mécontents, ne jugeoient de M. de Crosne que comme on jugeoit alors de la plupart de ses prédécesseurs et des autres ministres du pouvoir arbitraire qui tiroit à sa fin. Mais la commune de Paris mit bientôt cet honnête, ce digne magistrat sous sa protection spéciale, et continua de l'associer à ses travaux (1).

Dès la pointe du jour, la place de Greve, qui étoit devenue le dépôt général de toutes sortes d'effets, et même de troupeaux, se remplit de plus en plus : mais le peuple et les canons qui survinrent dans le cours de la journée, firent défiler le plus grand nombre des voitures.

On vint de très bonne heure nous redemander des armes et des cartouches, en nous reprochant les refus involontaires et les défaites de la veille. Nous en avions fait

(1) L'arrêté qui en fut pris unanimement, est daté du 15 juillet 1789.

chercher : point d'armes ni de cartouches ; pas même à l'arsenal. Plus ardent que jamais, ce peuple impatient (1), et qui ne savoit pas encore tout ce qu'il alloit exécuter (2), prit le parti de marcher aux Invalides, sans égard au camp du Champ de Mars.

La fiere contenance des Parisiens, leur intelligence et leur activité, produisirent de prompts effets. Parmi tous ces ennemis qui nous entouroient, nous menaçoient, plusieurs, et leur exemple fut bientôt imité, plusieurs, devenus citoyens et quittant leurs drapeaux, vinrent nous offrir leurs services : c'est ce que l'on appelloit désertion, et nous patriotisme (3).

---

(1) Adeo difficilis est hominibus utcunque conceptæ spei mora.

Vell. lib. II, chap. 38.

(2) Le gros du peuple ne s'en doutoit pas ; mais il est certain que la prise de la Bastille avoit été projetée : M. le marquis de la Salle m'a certifié que la veille il avoit, à cet égard, reçu un plan d'attaque.

(3) Je regretterai toujours que M. de Vauvilliers m'ait retenu le lendemain, mercredi 15 juillet, lorsqu'après avoir demandé la parole, j'allois répondre

Des Hussards, nous dit-on, paroissent au fauxbourg Saint-Antoine; on a vu charger et pointer les canons de la Bastille; le sang va couler. Un officier invalide vient nous déclarer, de la part du gouverneur de cette forteresse, que celui-ci promet de ne point faire tirer, de rester neutre, pourvu que l'on reste tranquille : ce n'étoit pas là notre compte ni celui des vrais citoyens.

Des avis et des renforts nous arrivoient de toutes parts; la fermentation augmentoit : mais nous attendions avec impatience la réponse du duc d'Aumont, qui avoit demandé 24 heures pour délibérer sur sa nomination. Il s'excusa, il remercia.

Le marquis de la Salle fut, en sa place, nommé commandant général. Il accepte avec transport. Ce dévouement l'honore d'autant plus, qu'à l'heure où il consentit à la place éminente qu'il a si bien remplie, peu d'autres auroient été tentés d'en briguer le dangereux honneur. Le nom du

---

à un membre de l'assemblée nationale qui proposoit, dans cette fameuse séance, d'implorer la grace des Gardes-Françoises, etc.

marquis de la Salle, nécessairement attaché à cette grande époque, ne sauroit plus mourir.

Quoique distraits par tant de soins, nous étions inquiets de l'expédition des Invalides, lorsque M. Éthis de Corny nous apprit que, sans vouloir attendre le retour d'un courrier envoyé par le gouverneur à Versailles, les citoyens s'étoient emparés de ce vaste hôtel, l'avoient forcé sans effusion de sang, en avoient enlevé 28000 fusils, cachés dans des caves situées sous le dôme et couchés entre des lits de paille : ce qui fit croire, car on se défioit de tout, que ces précautions n'avoient été prises que pour les incendier à volonté. M. de Corny nous ajouta que l'exécution de cette entreprise, faite à la vue d'un camp voisin, avoit été aussi prompte que le projet; et ce fut le sort de toutes les entreprises de cette heureuse journée.

On s'étoit porté à la Bastille, mais seulement pour y avoir des armes et des munitions. Insensiblement on osa davantage. Le peuple, dont l'audace alloit toujours en croissant, vint bientôt nous demander la prise de cette forteresse, comme si cela, dit M. du Veyrier, n'eût dépendu que d'un arrêté.

M. Thuriot de la Rosiere, électeur, s'y étoit déja transporté de la part de son district (1), pour sommer le gouverneur de se rendre. Il vint ensuite nous faire le rapport de cette démarche inouie, et dont il sera question dans un autre endroit.

Peu de temps après, l'action s'étant engagée au bord du premier pont, on nous apporta un soldat des Gardes-Françoises blessé et expirant; vingt autres très maltraités, tant soldats que citoyens, furent reçus dans des maisons de la rue de la Cerisaie; et dès lors, quoiqu'on ait reproché aux vainqueurs de la Bastille de n'avoir *enfoncé qu'une porte ouverte;* dès lors le sang ne cessa pas de couler pendant plus de quatre heures.

Tandis qu'une partie combattoit, l'autre alloit chercher du renfort et du canon; de sorte qu'à chaque instant nous étions instruits des progrès de l'attaque. L'action fut douteuse jusqu'à la fin. Heureusement nous

(1) Saint-Louis de la Culture.

n'eûmes pas le temps de réfléchir ni d'avoir peur : si la peur nous avoit gagnés, que devenoit Paris ?

Quelques uns commençoient à se dire, dans notre comité, que cette affaire étoit plus sérieuse qu'on ne l'avoit cru d'abord : mais il n'étoit plus temps de revenir sur ses pas.

Pour épargner le sang, il fut résolu d'envoyer au gouverneur une députation solemnelle. M. Bélon et quelques autres électeurs furent chargés de la premiere, qui n'eut aucun succès.

La seconde eut le même sort : elle étoit composée de M. de la Vigne, l'un de nos présidents, et de nos collegues MM. Chignard, l'abbé Fauchet, etc., auxquels se joignit, en qualité de volontaire, M. Bottetidoux, député suppléant des communes de Bretagne à l'assemblée nationale (1).

---

(1) L'arrêté, dont l'original est entre les mains de M. de la Vigne, est conçu en ces termes :

« Le comité de la milice parisienne, considérant « qu'il ne doit y avoir à Paris aucune force militaire « qui ne soit sous la main de la Ville, charge les dé« putés qu'il adresse à M. le marquis de Launay,

Après

Après bien des efforts pour parvenir au pied de la forteresse et s'y faire entendre ou, du moins remarquer, après s'en être éloigné et rapproché à trois reprises différentes, M. de la Vigne, toujours accompagné de ses collegues, fit lecture de notre arrêté : mais ses paroles furent étouffées par le bruit de la mousquéterie, et trois citoyens tomberent à ses côtés.

Pendant l'intervalle entre cette seconde députation et la troisieme, on amena au bureau de police trois invalides que l'on vouloit pendre sur le champ, en forme de représailles, parcequ'ils avoient été saisis les armes à la main auprès de la Bastille et tirant sur les citoyens. M. du Veyrier, puissamment secondé par M. de Leutres, eut le bonheur de soustraire ces trois hommes à la fureur du peuple. — Nous faisons grace

---

« commandant de la Bastille, de lui demander s'il « est disposé à recevoir dans cette place les troupes « de la milice parisienne, qui la garderont de con- « cert avec les troupes qui s'y trouvent actuelle- « ment, et qui seront aux ordres de la Ville. »

Signé, DE FLESSELLES, *etc.*, *etc.*

aux prisonniers, s'écria ce peuple généreux, si le gouverneur rend la Bastille ou si nous la prenons. Ce n'étoient pas des meurtres gratuits qu'ils vouloient, mais la prise de cette place, mais l'abolition du despotisme.

Des bruits douteux, des bruits contraires se répandent, et l'on ne croit que ce que l'on desire. On nous annonce que le gouverneur de la Bastille est pris, qu'on nous l'amene. Ce n'étoit pas lui; c'étoit M. Cloüet, régisseur des poudres et salpêtres, lequel doit incontestablement la vie au brave Cholat, qui, le premier, l'a garanti de la fureur du peuple (1).

On fit, dans le cours de cette journée, bien d'autres méprises, et dont plusieurs furent sanglantes. Tandis que les uns croient

(1) Malgré ce qu'avoit fait M. Cholat, M. Cloüet n'en auroit pas moins été tué, sans M. le chevalier de Saudray, qui, en le sauvant, à son tour, d'un nouveau danger, reçut un coup de sabre dont il eut la tête grièvement blessée. La commune, satisfaite des grands services que lui a rendu M. le chevalier de Saudray pendant la révolution, lui en a délivré un certificat des plus honorables, et ce certificat a été affiché.

avoir pris le gouverneur, d'autres, dans l'une des cours de la Bastille, s'emparent d'une jeune personne intéressante par sa grace et sa candeur. L'ayant amenée auprès du premier pont : — C'est la fille de de Launay, s'écrient-ils : qu'il rende la place ; sinon qu'il voie expirer sa fille dans les flammes. Et l'on allume une paillasse sur laquelle elle étoit évanouie.

Le pere de mademoiselle de Monsigny, c'est le nom de la jeune personne, la voit du haut des tours, près d'être brûlée vivante. Il alloit se précipiter, lorsqu'il fut atteint et renversé par deux coups de feu. Le brave et généreux Aubin Bonnemer, qui avoit déja une premiere fois sauvé la fille de cet officier, écarte la foule homicide, enleve mademoiselle de Monsigny, la remet en mains sûres, et revole au combat. Un sabre lui fut apporté dans notre salle, le 3 février 1790, par celle qu'il avoit délivrée, et nous y joignîmes la couronne civique. C'est ainsi que des atrocités finissoient le plus souvent par des traits d'héroïsme (1).

(1) Le couronnement du citoyen qui avoit sauvé mademoiselle de Monsigny n'eut lieu que le 5 fé-

Tant de menaces, tant d'incertitudes, et les malheurs que nous redoutions, nous déterminerent à envoyer une troisieme députation non moins importante que les deux autres. Ces députations, demandées par le peuple et toujours accordées par les électeurs, embarrassoient beaucoup le prévôt des marchands, et il le témoigna d'une maniere un peu dure à M. Francotay, qui lui fit baisser les yeux; mais il n'avoit, dans notre comité, que sa voix comme un autre.

---

vrier, à la séance du soir. Ce fut, de part et d'autre, le triomphe de la reconnoissance et de la modestie. La couronne fut offerte par M. le maire à mademoiselle de Monsigny, pour lui procurer le plaisir de la poser elle-même sur la tête de son libérateur. Quant au sabre, je crois, dit M. Bailly à M. Bonnemer, ajouter à votre triomphe en priant M. le commandant général de vous le remettre.

La scene alloit finir, lorsqu'un citoyen, M. Binot, car il mérite bien qu'on le nomme, qui, le 14 juillet, avoit été témoin de la bravoure et de l'humanité de M. Bonnemer, vint nous demander la permission de lui offrir une petite rente viagere, réversible sur la tête de son épouse, etc.

On compte, jusqu'à présent, moins de violences pendant la révolution que de traits pareils à celui-ci.

M. Ethis de Corny, procureur du roi à la ville, M. Francotay, électeur, sont nommés, et se félicitent de cette préférence, la plus honorable, disoient-ils, que l'on puisse envier. Ils marchent précédés du drapeau de la ville et d'un tambour. Plusieurs citoyens briguent l'honneur de les accompagner; et ils méritent d'autant plus d'être cités, qu'arrivés sous le feu de la place, ils s'y conduisirent avec une bravoure singuliere. Voici les noms de ces dignes volontaires : MM. Poupart de Beaubourg, Piquot de Sainte-Honorine, Boucheron (1), Coutans et Joannon.

Le lecteur françois, avant la révolution, craignoit de trouver trop de noms dans l'histoire, et il avoit raison; car, le plus souvent, ce n'étoient que des noms d'esclaves. Aujourd'hui tout est changé : nous nommerons désormais les bons citoyens, à l'exemple des peuples libres. Ouvrez Homere et Hérodote, ces peres de la poésie et de l'his-

(1) M. Boucheron a publié une relation très curieuse de ce qui s'est passé sous ses yeux le 14 juillet 1789, à 11 heures du matin, et pendant cette députation parlementaire.

toire; vous verrez qu'ils nommoient par nom et par surnom des phalanges entieres.

A leur retour, nos députés apprirent, et quelques uns de ces faits sont contestés, que le gouverneur avoit attiré les citoyens dans la premiere cour; qu'il avoit fait tirer sur eux; que le drapeau blanc avoit été arboré sur les tours; que les crosses des fusils y avoient été mises en haut; et que, malgré ces signes de paix, la députation n'en avoit pas été moins exposée au feu de la place.

Pour avoir le droit, à tous ces égards, d'accuser le gouverneur et sa garnison de perfidie, il faudroit être bien sûr qu'ils ont vu et reconnu les signaux des députés; et s'ils les ont en effet apperçus, il faut convenir qu'il leur étoit impossible de suspendre l'action, tandis qu'on les pressoit de toutes parts, tandis que le feu des assiegeants continuoit, et que l'on tiroit sur eux non seulement du pied de la forteresse, mais encore du haut des maisons voisines.

Pendant qu'on attaquoit la Bastille, le plus beau monument de la France risquoit d'être détruit. Nous apprenons, entre deux et trois heures après midi, qu'un nouveau torrent de citoyens s'étoit porté aux Invalides, où l'on croyoit qu'il restoit encore des armes. Nous y députons M. de Leutres, dont l'accent provençal, l'enjouement naturel et la popularité calmerent tous les esprits.

De notre côté, nous soutenions à l'hôtel-de-ville un siege non moins dangereux que celui de la Bastille, et la catastrophe n'en fût pas moins funeste.

Déja M. de Flesselles étoit accusé d'entretenir des correspondances suspectes : mais ayant déclaré qu'il n'avoit jamais eu, avec le prince dont il s'agissoit, aucun rapport particulier, l'accusateur se désista, et même l'avertit de faire, sur-le-champ, garder son hôtel, parcequ'il étoit question d'y mettre le feu.

Absorbés par tant de soins, et ne sachant pas encore quelle sera l'issue du siege, qui croiroit que nous nous soyons avisés de faire une nouvelle députation à l'assemblée nationale, mieux instruite que nous de ce qui se tramoit contre Paris? MM. Bancal des Issarts et Ganilh, électeurs, partent presque au moment où l'on venoit d'apprendre ce que l'on croyoit à peine, la prise de la Bastille (1). Passant

(1) Ils en reçurent la nouvelle sur le Pont-Royal.

entre les canons qui bordoient le pont de Sevres, et à travers les troupes qui nous investissoient, ils portent cette grande nouvelle à l'assemblée des représentants de la nation.

Je supprime ici plusieurs faits intéressants, et vingt tableaux que l'on retrouvera dans le discours : quels qu'en soient la couleur et le trait, je garantis du moins qu'ils sont peints d'après nature.

N'oublions pas que plusieurs couriers, chargés de paquets importants, furent arrêtés dans le cours de cette journée, où l'on songeoit à défendre ce que nous avions résolu d'attaquer et de prendre. Nous étions convenus que les lettres contenues dans ces paquets ne seroient point ouvertes, et qu'on les enverroit à l'assemblée nationale : mais nous fûmes contraints de satisfaire, de temps en temps, la curiosité des citoyens.

Les vainqueurs de la Bastille, qui nous en amenoient le gouverneur, ne purent pas le garantir du sort affreux qui l'attendoit. Son mauvais destin l'empêcha de monter à l'hôtel-de-ville, auprès duquel il fut massacré, non loin des marches du péristyle. L'abbé le Fevre fut spectateur involontaire de ses derniers moments : — Je l'ai vu tomber, m'a-t-i dit, sans pouvoir le secourir : il se défendit comme un lion; et si dix hommes seulement s'étoient conduits de même à la Bastille, elle n'auroit pas été prise.

Nous apprîmes ensuite la mort de M. de Losme Solbay, déplorée par tous les gens de bien. C'étoit le major de la place, et il fut tué dans la Greve vis-à-vis l'arcade de Saint-Jean. Le marquis de Pelleport, dont il avoit été le consolateur pendant une captivité de cinq années, n'écoutant que sa reconnoissance, se jeta dans ses bras et voulut le dégager. — Jeune homme, lui dit-il, vous allez vous perdre, et je n'en mourrai pas moins. Il n'en tint compte : il fit des prodiges de force et de courage; il se battit autour de son bienfaiteur, jusqu'à ce qu'épuisé de fatigue et de sang, il fut, à son tour, secouru par quelques uns de ceux que son exemple avoit enflammés.

Nous apprîmes encore, et la mort de M. de Miray, aide-major, et celle de M. Pierson, capitaine de la compagnie des invalides : le premier, tué dans la rue des Tournelles; le second, sur le port au bled. Plusieurs autres éprouverent le même sort. Je parlerai ailleurs de l'infortuné Bécard et de son dévouement.

Quant au prévôt des marchands, il est sûr qu'il fut tué par un inconnu, d'un coup de pistolet, au coin du quai Pelletier: mais est-on sûr qu'avant de l'immoler, on lui ait présenté une lettre écrite de sa propre main, et qui contenoit la preuve évidente de la plus noire perfidie? On nous l'a dit, on le répete encore, ce qui ne suffit pas pour l'affirmer. Doutons donc, doutons, jusqu'à ce que cette importante lettre, que l'on cherche vainement depuis plus de six mois, nous ait été produite.

Je connoissois M. de Launay; j'avois défendu M. de Flesselles dans le comité permanent. Lorsque le bruit de toutes ces morts violentes vint frapper nos oreilles, je chancelai, mes yeux s'éblouirent, et je fus, en un instant, couvert de taches livides. Je ne sais ce que je serois devenu sans M. de Castillon : ce digne électeur me tira de l'hôtel-de-ville, où, n'ayant plus ni force ni ressorts, je risquois, au déclin du jour, d'être écrasé par la foule qui continuoit à s'y porter.

Avant d'en sortir j'avois été frappé de la prodigieuse activité de M. de Lapoise, notre collegue. Quoique ce brave et bon patriote ait tout fait pour sauver les prisonniers amenés dans notre salle, deux canoniers en furent arrachés et pendus sur-le-champ à la branche de fer qui soutient le réverbere en face de l'hôtel-de-ville; et c'est ce que l'on a depuis appellé *la lanterne*, où des bourreaux, payés par de vrais assassins, ont exercé plusieurs atrocités dignes des Cannibales.

Résumons la marche de ces trois jours : le dimanche, insurrection; le lundi, milice bourgeoise; le mardi, la Bastille emportée; et déja ce jour sert d'époque. O SIECLE! O MÉMOIRE (1)!

A neuf heures du soir, un silence momentané succede au bruit dans notre salle presque déserte. Les uns se rendent dans leurs districts; les autres parcourent la ville, jaloux de raconter ce qu'ils avoient vu, ce qu'ils avoient fait, et d'apprendre ce qui s'étoit passé dans les différents quartiers; ce que l'on y espéroit, ce que l'on y craignoit.

(1) On retrouvera sur la médaille projetée par MM. les électeurs, ces deux mots empruntés de Corneille.

Le marquis de la Salle, notre commandant, sortant de dessous les bayonnettes appuyées sur sa poitrine, descendit au bureau militaire, où l'attendoient une partie des vainqueurs de la Bastille. Il les embrasse, les félicite, leur distribue provisoirement quelques marques d'honneur, dont ils étoient bien plus avides que de récompenses pécuniaires, et demande leurs noms. Quelques uns qui avoient eu d'abord plus de bravoure que de caractere, toujours préoccupés de l'ancien despotisme et redoutant les suites de leur conquête, n'osent pas se nommer; effrayés de leurs propres exploits, ils se taisent, ils se sauvent comme s'ils avoient fait un mauvais coup (1).

Quant à M. Moreau de Saint-Méry, l'un de nos présidents, dont la prudence et le sang-froid redoubloient dans les alarmes, et qui étoit, en quelque sorte, l'arbitre de nos destins, immobile comme un roc battu de la tempête, il vit partir tout le

(1) Leurs camarades, qui les aimoient et les plaignoient, nous en ayant ramené plusieurs dans notre comité, nous prierent de les inscrire sur la liste des vainqueurs.

monde et ne sortit pas de son fauteuil.

Ce François américain, en quelque sorte étranger à la France, et devenu si célebre en peu de jours, a déclaré depuis à M. du Veyrier, qui l'a consigné dans nos procès-verbaux, desirés si long-temps, et qui vont enfin paroître; il lui a déclaré : — « Qu'il ne lui seroit pas possible de se rappeller en détail tous les événements de la nuit mémorable qui a suivi la prise de la Bastille, tous les ordres qu'il a donnés dans ce court intervalle, où les autorités différentes échappées de toutes les mains, pour se réunir dans les siennes; où seul, au milieu de Paris, il avoit fortuitement le droit de commander et de se faire obéir ».

« Qu'il a peut-être donné trois mille ordres (1) sans quitter son siege, soit pour la sai-

(1) Pour se faire une idée des travaux de l'hôtel-de-ville, que l'on joigne aux ordres que donna M. Moreau de Saint-Méry, ceux que donnerent et M. le marquis de la Salle pendant cette même nuit, et M. Garan de Coulon pendant la nuit suivante : celui-ci répondit à plus de douze cents tant lettres que députations, de presque toutes les municipalités voisines, etc. On ne conçoit pas comment ces Mes-

sie des canons et de toutes les armes qu'on lui annonçoit, soit enfin pour autoriser des précautions de défense par-tout où la nécessité le requéroit ».

« Que les alarmes se succédoient sans interruption; que l'on annonçoit à chaque instant les troupes du roi, tantôt vers le fauxbourg Saint-Denys, tantôt vers le fauxbourg Saint-Marceau, et celui de Saint-Martin ».

« Enfin que, sur la requisition du peuple, il a toujours autorisé les moyens de mettre obstacle au passage des troupes ».

Cette déclaration, fidele à tous égards, peint suffisamment les agitations de la nuit du 14, et je ne crois pas qu'il soit possible d'y rien ajouter.

J'observerai cependant que M. Moreau de Saint-Méry montra, dans cette circonstance et dans bien d'autres, une présence d'esprit très remarquable. On lui amene un personnage distingué que l'on venoit d'arrêter; c'étoit, disoit-on, un *aristocrate*, cri de guerre, mot dont parmi le peuple peu

---

sieurs et la plupart de leurs collegues ont pu résister à tant de soins et de fatigue.

de gens alors connoissoient la valeur, et qui n'en étoit que plus dangereux. Le mesurant des yeux, il feint de partager l'animosité des dénonciateurs; mais il s'y prend de maniere qu'il envoie sous bonne garde l'*aristocrate* coucher dans sa maison.

Un instant après des soldats citoyens, au nombre de sept, lui demandent des gargousses; ils en vouloient à quelque prix que ce fût. — Patience, mes enfants, vous en allez avoir. Il fait monter l'abbé le Fevre. — Combien avez-vous de gargousses? — Il ne m'en reste plus que quatre. — Fort bien, répliqua-t-il d'un air satisfait; allons, que tout le monde soit content: ils le furent au point que tous les sept, en s'en allant, le remercierent. Je le conçois: il ne pouvoit pas donner ce qu'il n'avoit pas, mais il vouloit le donner; bien différent de Flesselles, qui les refusoit ou les trompoit.

Quoique les jours suivants appartiennent moins à mon sujet, j'en donnerai cependant une courte notice, pour faciliter l'intelligence de quelques résultats et de plusieurs choses que j'ai seulement indiquées dans le discours.

LE MERCREDI 15.

Malgré nos succès, nous aurions été bien à plaindre si les sentiments douloureux de la veille n'avoient pas été, le jour suivant, tempérés par quelques unes de ces actions qui, dans les temps de troubles, rassurent les gens de bien, leur promettent le retour de la paix, de la justice et de l'humanité.

Rassemblés de grand matin, on nous dit tout ce qui s'étoit passé dans l'intérieur et autour de la Bastille; on nous retraça les cruautés dont j'ai parlé. Quelques uns prétendoient que la révolution étoit souillée dans son principe. Pour toute réponse: — Paroissez, dit l'un de nous, paroissez Peillon et Geudin: en l'honneur des bons exemples, déclarez-nous ici ce que la sainte humanité, ce que la piété filiale vous ont inspiré.

— « Comme tant d'autres amis de la liberté,

berté, dit M. Peillon (1), je m'étois porté au siege de la Bastille. J'arrive : un honnête citoyen sortoit des cours : on le prend pour le gouverneur, on le saisit; il alloit périr. Je ne sais pas ce que j'ai fait, mais je sais bien ce que j'ai senti ».

« Cent témoins, Messieurs, vous diront que j'ai prodigué ma vie pour sauver celle de M. Gaillard. Il vous le dira lui-même; et voici ses propres paroles quand je l'eus délivré : — « Jeune homme, Dieu nous regarde lorsque nous faisons une bonne action, lorsque nous nous jetons entre la victime et le fer de l'assassin. Va, tu trouveras dans ton cœur la plus douce des récompenses; et si l'amitié d'un citoyen honnête est de quelque prix à tes yeux, reçois celle que je te voue en ce moment et jusqu'à mon dernier soupir (2). »

---

(1) De Grasse en Provence.

(2) M. Peillon nous a déclaré, depuis que cet article est écrit, que M. Gaillard, sur le lieu même où il l'avoit délivré, lui avoit dit les choses les plus tendres; mais que les paroles précédentes lui avoient été adressées par un brave homme qui l'avoit puissamment secondé, par M. Chaumerville, négociant.

Nous priâmes le jeune Geudin, âgé de dix-sept ans, et maintenant soldat volontaire de la Bastille, de parler à son tour. — « Ah! Messieurs, vous figurez-vous combien je fus malheureux quand je vis toute la ville courir à la Bastille : on y vouloit tout tuer, tout renverser; et mon pere et mon oncle étoient dans la forteresse ».

« Dieu m'a conduit; il m'a dit : Prends un fusil, et va te mêler aux combattants. Hors de moi-même, j'ai pris un fusil; j'ai fait. . . . comme les autres. Le premier pont est forcé, on alloit bientôt forcer l'autre. O mon pere! ô mon oncle! C'est bien ici, Messieurs, que la voix de Dieu s'est fait entendre! Je lui obéis pour la seconde fois : je cours chercher une redingote, un tablier et un grand chapeau ».

« De retour, je parvins à reprendre ma place. Le dernier pont baissé, j'entre, je me précipite. J'apperçois mon oncle, qui me montre mon pere : on tiroit encore, et je tremblai pour ses jours. Je l'aborde; il pâlit, lui qui n'eut jamais peur! — O mon fils, retire-toi; obéis à ton pere. Il me prend, il me serre la main et la repousse ».

« Je lui dis deux mots, et il me conduisit

dans un cachot. Ce fut là qu'après m'être déshabillé, j'ôtai l'uniforme de ce bon pere, que je le revêtis de la redingote et le couvrit du chapeau que j'avois apportés. Je lui attachai ensuite le tablier, et nous sortîmes sans être reconnus. Lequel de mon pere ou de moi est le plus heureux? Je vous le demande, Messieurs... n'est-ce pas moi »?

Il manque à ce récit, écrit sous la dictée du jeune Geudin, l'accent de sa voix, et cette ingénuité qui siéroit si bien aux enfants des favoris de la fortune.

Tous les faits de cette journée dérivent de ceux des trois jours précédents, et ne sont que le produit des premieres impulsions.

Les troupes ennemies s'ébranloient, quelques unes décampoient : mais on craignoit qu'elles ne fussent contenues et ramenées. Il n'étoit plus temps, l'esprit des troupes étoit changé. D'ailleurs tous les citoyens en état de porter les armes, et jusqu'à des vieillards, s'étoient réunis pendant la nuit. Un homme de quatre-vingt-quatre ans, en sentinelle, dit à M. Garan de Coulon : —On parle de nous tuer, je les atends : avec quel plaisir j'offre à ma patrie le peu de jours qui me restent.

Ceux qui avoient plusieurs armes en donnoient à leurs voisins.

De grand matin, les rues et les places se remplirent de grouppes belliqueux. Tour-à-tour ils envoyerent des députés à l'hôtel-de-ville.

On y vit reparoître les chevaliers de l'arquebuse et MM. les clercs de la Basoche (1). M. de la Barthe vint nous offrir quinze mille hommes prêts à marcher, et il fut proclamé commandant des volontaires du Palais-Royal. Ce fut ainsi que le brave Soulés, après la prise de la Bastille, que l'on alloit détruire, en avoit aussi été nommé commandant (2).

(1) Messieurs de l'arquebuse et de la Basoche ont servi d'une maniere si distinguée pendant la révolution, que l'assemblée générale de la commune leur en a plusieurs fois donné d'éclatants témoignages.

Le journal de MM. les arquebusiers, et leur pétition à l'assemblée nationale, redigée par le brave M. Ricart, chancelier de cette compagnie, et l'un de nos collegues, fournissent d'excellents matériaux pour l'histoire du temps présent.

(2) Quoique le commandement de M. Soulés n'ait été que de quelques heures, il a eu, dans ce court intervalle, plus d'aventures que bien des

Ces promotions soudaines, on le savoit, ne devoient être que passageres; elles enflammoient néanmoins tous les esprits. On n'étoit pas plutôt nommé, qu'on demandoit des ordres, qu'on vouloit sans délai marcher à l'ennemi; et cette impatience avoit aussi ses risques.

Quant à M. de la Barthe, M. Moreau de Saint-Méry, notre président, lui offrit une épée, en lui disant: — C'est la patrie qui vous la donne. Il la baise cette épée, il la mouille de ses larmes, et jure, au nom de ses compagnons, de vaincre ou de mourir. Ils en disoient tous autant, et l'on sentoit que leurs serments venoient du cœur.

Cependant une jeunesse bouillante, effrénée, faisoit, au Palais-Royal, des motions dont la plupart sont restées sans effet: elle proscrivoit des ministres, des gens en place, et vouloit mettre jusqu'à des bustes au car-

---

commandants de forteresses n'en ont eu pendant plusieurs années de guerre. On peut, à cet égard, consulter et l'écrit qu'il a publié, et nos procès-verbaux, où on lui rend toute la justice que méritent sa valeur et son patriotisme.

can (1). — « Que tardons-nous? dirent quelques uns : allons délivrer les quatre nations, insolemment enchaînées aux pieds d'un monarque aussi vain que superbe : brisons leurs fers ; que le bronze même devienne libre ; et que le sort des statues de L'HOMME IMMORTEL, du GRAND geolier de la Bastille, apprenne à ses pareils que les monuments de l'orgeuil sont sujets à la mort ».

— « Insensés ! leur répond le jeune Estienne, digne descendant de ces savants illustres dont il porte le nom, quoi donç! voulez-vous, à l'exemple des Visigots et des Vandales, nous replonger dans notre premiere barbarie? Respectons les arts, et surtout la mémoire des ancêtres de ce Roi citoyen qu'enfin le ciel a bien voulu nous accorder. Que n'allons-nous plutôt, mes amis, nous rallier auprès du bon Henri »!

Ils marchent, et les plus frénétiques, à l'aspect de la statue de ce prince populaire, se prosternent, la bénissent; puis, transpor-

(1) Ils en avoient désigné plusieurs ; ce qui prouve bien qu'il n'est pas trop sûr de se laisser, de son vivant, décerner des bustes, ériger des statues : mais je reviendrai sur cet article.

tés d'amour, ils la couronnent, l'entourent de festons, et lui mettent, ainsi qu'au cheval, la cocarde nationale.

Une autre motion, plus réfléchie et de grande importance, fut encore faite et ratifiée dans ce fameux jardin. A onze heures du matin, M. Villain d'Aubigné, du district des Feuillants, partit du Palais-Royal avec une escorte, se rendit à l'hôtel général des postes, où il prit, avec le fils de M. le baron d'Ogny, les mesures nécessaires pour que les lettres fussent désormais inviolables.

C'est ainsi que l'on secondoit les électeurs, et que l'on alloit, de toutes parts, au secours de la chose publique. Bientôt nous en étions instruits, nous en profitions ; et nous ne pouvions pas nous empêcher de dire que Paris se réformoit tout seul, qu'un même esprit en faisoit mouvoir tous les citoyens. En effet, tandis que M. d'Aubigné s'assuroit de l'hôtel des postes, d'autres attendoient les couriers aux barrieres, et nous apportoient leurs paquets à mesure qu'ils arrivoient.

Bientôt notre bureau fut couvert de lettres timbrées de toutes les postes du royaume, et datées des quatre points du globe; de sorte que nous avions, pour ainsi dire, entre nos mains, les secrets de l'univers : ils étoient enfin entre des mains fideles, et l'on ne sauroit nous reprocher d'en avoir volontairement abusé.

Des bruits se répandent que l'on a, pendant la nuit, entendu autour de la Bastille des voix plaintives, de sourds gémissements; que l'on parle de cachots secrets, de mines pratiquées pour faire sauter la forteresse à volonté. On ajoute que de longs souterrains, par où l'on pouvoit introduire des troupes, ont diverses issues qui répondent à la campagne.

Déja le peuple et les patrouilles commençoient à se porter en foule à la Bastille. Nous y envoyons deux hommes déterminés, et qui n'avoient pas craint le feu de cette place ; MM. Ricart et Elie. Guidés par un invalide parfaitement instruit de toutes les sinuosités de cet affreux repaire, ils visiterent jusqu'aux moindres recoins, en sonderent les profondeurs. Ils ne trouverent pas ce qu'ils cherchoient : mais ils découvrirent bien plus qu'on n'en avoit supposé ; car ce n'est pas un conte que ce cachot fangeux, et si fétide que l'on s'y trouvoit mal.

Tout Paris a pu le voir, et j'y suis descendu le lendemain. Du centre d'une énorme pierre placée au milieu de ce cachot partoit une grosse chaîne propre à retenir, non pas seulement un homme, mais tel monstre que l'on puisse imaginer. Egalement indignés, nos deux députés font arracher cette chaîne, font démonter, briser les doubles, les triples portes, scier les bascules des ponts-levis ; en un mot, ils font tout ce qu'il étoit possible de faire en peu de temps. Digne et sainte expédition (1) !

Grande nouvelle ! on nous apprit que le Roi, de son propre mouvement, s'étoit rendu à l'assemblée nationale pour y annoncer qu'il avoit congédié ses troupes ; que cette auguste assemblée, par un élan vraiment patriotique, et voulant se confondre avec nous, alloit nous envoyer cent députés.

Ils arrivent : nous les recevons avec transport, et ils nous prodiguent les noms les plus tendres, les doux noms de freres. Voilà les vrais honneurs ! désormais nous n'en voulons pas d'autres.

---

(1) Journal de la compagnie des citoyens arquebusiers royaux de la ville de Paris, sur la révolution actuelle.

Vingt orateurs, que la chûte de la Bastille nous avoit amenés, firent entendre leurs éloquentes voix. L'archevêque de Paris, saisi du même enthousiasme, se leve, et vote un TE DEUM, qui fut, après la séance, chanté à Notre-Dame, où tant d'autres fêtes, non moins touchantes, devoient bientôt se renouveller.

Immédiatement après cette belle motion du TE DEUM, une couronne de laurier fut mise sur la tête de l'archevêque, qui la déposa sur celle de M. Bailly, lequel l'offrit à la vertu même, à M. le duc de la Rochefoucauld.

Ce fut alors que cette auguste assemblée, se rappellant, et l'arrêté du 17 juin, et le fameux serment si fortement articulé dans le jeu de paume, le 20 du même mois, par notre Aristide; se rappellant les palmes moissonnées dans le nouveau monde par notre Scipion l'Américain, proclama M. Bailly maire de la ville, et M. de la Fayette commandant général de la garde nationale.

Dans le trajet de l'hôtel-de-ville à Notre-Dame, on remarqua l'abbé le Fevre qui, sortant de son magasin à poudre aussi noir que Vulcain sortant de sa fournaise, donnoit militairement le bras à notre premier pontife.

Pendant cette marche solemnelle, on ne fut pas moins frappé de voir notre maire désigné, soutenu dans la foule par le brave Hulin, l'un des premiers vainqueurs de la Bastille.

Nous approchions de Notre-Dame; cent mille voix réunies crioient : — Vive Bailly! Vive la Fayette et Bailly! Ces acclamations soudaines le troublent, le saisissent; marchant au hasard, il ne voit plus, n'entend plus.

M. Hulin l'arrête, le conjure de regarder, d'écouter. Grand Dieu! quel touchant spectacle! une multitude de petits enfants à genoux et les mains jointes, répétant son nom, l'appelloient : — Notre pere! ô notre pere! C'étoient les enfants de la providence, ceux de l'état, les enfants trouvés.

Oubliant et ses nouvelles fonctions et la cérémonie, notre digne chef s'élance vers ces êtres délaissés en naissant, les presse contre son cœur (1), les arrose de ses larmes

(1) Hos fovet ulnis
Involvitque sinu.

Juv. Sat. VI, v. 606.

qui couloient en abondance : il leur promet, au nom de l'Être suprême, tendresse, secours et protection; il verse dans leur sein, non l'or de la patrie, mais le peu d'or qu'il devoit à son génie, à ses talents.

Tout, dans le cours de cette journée, fut extraordinaire, touchant, et quelquefois sublime : on n'a jamais rien vu et je doute que l'on voie jamais rien de semblable.

LE JEUDI 16.

Jour et nuit nous marchions à pas de géant dans la carriere de la liberté. Les plus timides levoient enfin la tête, et fixoient d'un œil intrépide tous les simulacres du despotisme, dont on alloit bientôt effacer jusqu'aux moindres traces.

L'assemblée des électeurs arrête, d'une voix unanime, que la Bastille sera démolie jusque dans ses fondements (1) : c'étoit le vœu de tous les districts, et, depuis long-temps, celui de la France entiere. Déja les crénaux tombent de toutes parts : le brave Elie nous l'avoit prédit la surveille, lorsqu'il vint nous offrir les trophées de sa victoire.

L'un de nous, s'élançant vers le bureau,

(1) Le mardi 23 février 1790, le district de Saint-Louis-de-la-Culture et les ouvriers qui travailloient à la démolition de la Bastille nous présenterent le modele de cette forteresse, fait avec l'une des pierres tirées des fondements.

s'écrie : — « Ah ! Messieurs, sauvons les papiers. On dit, ajouta-t-il, que les papiers de la Bastille sont au pillage ; hâtons nous de recueillir les restes de ces vieux titres d'un despotisme intolérable, afin d'en inspirer l'horreur à nos derniers neveux ».

La sensation fut vive. On nomma quatre commissaires à cet effet ; MM. Dusaulx, de Champseru, Gorneau et Cailleau. Arrivés auprès de la Bastille, à travers les applaudissements du peuple instruit de leur mission, dix gens de lettres distingués, les Brizard, les Cubieres (1), etc., etc., se jeterent dans leurs bras, les conjurant de les introduire au sein de cette fameuse forteresse, qu'ils détestoient de longue main, et dont ils vouloient, disoient-ils, avant sa prochaine destruction, prendre le signalement.

---

(1) M. le chevalier de Cubieres, avantageusement connu par son heureux caractere et ses talents aimables, publia, peu de temps après, son *Voyage à la Bastille*.

LE VENDREDI 17.

Nous avions, pendant la nuit, délibéré sur quarante milliers de poudres rassemblés dans le magasin de l'hôtel-de-ville, situé sous la grande salle. Jamais délibération ne fut plus importante : il s'agissoit, non pas de notre salut commun, mais de la conservation d'une tête aussi chere que sacrée.

Où mettre ces poudres? le temps pressoit. Nous consultons celui qui en avoit la direction, l'abbé le Fevre, que rien n'étonne et n'embarrasse. — Je m'en charge, répondit-il; et elles furent bientôt transportées sous les arcades de l'hôtel de Soubise.

Le Roi arrive, seulement accompagné de quatre personnes de sa cour, escorté par la garde bourgeoise de Versailles, qui remet Sa Majesté à notre garde parisienne. Il arrive à l'hôtel-de-ville, et ce fait éclipse tous les autres, à travers trois cents mille hommes armés comme la veille et les jours précédents. Le reste des citoyens, offrant pendant trois quarts de lieue des milliers de grouppes en amphithéâtre, étoit le long des maisons au débouché des rues, aux fenêtres et jusque sur les toits. En allant, ils crierent, Vive la Nation; en revenant, Vive le Roi.

Ce bon prince les regardoit d'un œil paternel; il accueillit à plusieurs reprises l'un de nos braves grenadiers, M. de Tréfontaines, et même il fit remarquer à ceux qui avoient l'honneur de l'accompagner, sa figure heureuse et son air martial (1).

(1) Le roi, frappé de la beauté du cheval que montoit M. de Tréfontaines, lui demanda d'où venoit ce cheval: — De vos écuries, Sire, et j'aurai soin de l'y remettre. — Gardez-le, je vous le donne.

L'un de nous, peu de temps après, eut les plus grandes obligations à ce digne homme. L'électeur dont il s'agit, chargé par M. le maire de faire tirer l'une de nos loteries, s'avisa de pérorer contre cet abus qu'il avoit déja combattu dans un livre intitulé: *De la passion du jeu depuis les temps anciens jusqu'à nos jours*. L'orateur fit assez de sensation pour que plusieurs des assistants allassent retirer leur mise; ce qui donna de l'humeur à quelques buralistes. Insensiblement un grand nombre accoururent. M. de Tréfontaines, qui étoit de garde, protégea l'électeur et le tira d'un pas fort dangereux.

Les

Les piques, les dards, les fourches et les lambeaux du drapeau de la Bastille flottant sur son passage, loin d'altérer sa sérénité, répandirent sur son auguste front un caractere civique, absolument étranger à la plupart de nos monarques. Sa candeur et sa sécurité, signes certains de sa droiture, nous devinrent garants de la liberté que nous venions de conquérir.

Descendant de voiture et prêt à monter à l'hôtel-de-ville, Sa Majesté reçut avec sensibilité la cocarde nationale. Il entre, escorté par de nouveaux gardes dont il n'avoit plus besoin; et les représentants de la nation, mêlés aux électeurs, le proclament tout d'une voix monarque légitime, régénérateur de la nation françoise.

Il se livroit à nous, s'abandonnoit à tout le monde. On lui baisoit les mains, on baisoit jusqu'à la trace de ses pas : de temps en temps se redoubloient les transports d'amour et de reconnoissance. Le peuple, en dehors, répondoit à nos acclamations : il voulut voir le Roi, et le Roi se montra.

« Je requiers, dit M. de Corny, que ce jour mémorable soit consacré par le vœu d'une statue érigée à Louis XVI, régénérateur de la liberté nationale, restaurateur de la prospérité publique et pere du peuple françois ».

L'érection de la statue du Roi, sur l'emplacement de la Bastille, fut votée tout d'une voix.

Sa Majesté demanda que les détails de cette séance auguste, et bien différente de toutes ces SÉANCES ROYALES, de tous ces LITS DE JUSTICE, dont on avoit si long-temps abusé, fussent incessamment livrés à l'impression.

LE SAMEDI 18.

Il est remarquable que, parmi les partisans même de la révolution, on n'ait pas plus insisté sur ce qui paroît en avoir confirmé le succès. Quand les circonstances où nos deux premiers chefs actuels furent désignés et confirmés seront mieux éclaircies, on jugera peut-être que la prudence et la sagesse concoururent également à ce double choix; car ce n'est point par hasard qu'ils ont été nommés: le public les connoissoit, les desiroit. Certes nous avions besoin, dans de pareilles conjonctures, de ces deux hommes purs et expérimentés, aussi imposants par les mœurs que par les ressources de leur esprit et la dignité de leur caractere.

MM. Bailly et la Fayette, désignés trois jours auparavant aux redoutables fonctions qu'ils ont exercées avec tant de courage, d'intelligence et de succès, furent agréés par le Roi; l'un en qualité de maire, l'autre de commandant général. Mais ils nous témoignerent qu'ils desiroient d'être légalement élus par les districts. Ces égards et ce respect pour les nouvelles loix, obtinrent les applaudissements qu'ils méritoient ; et ils furent bientôt nommés à l'unanimité.

Quant aux électeurs, qui avoient été enchaînés jour et nuit à des fonctions périlleuses, qui avoient été volontairement esclaves de leurs devoirs pour que les autres devinssent libres ; satisfaits d'avoir provoqué dans Paris la révolution, d'en avoir couru les risques, soutenu le fardeau ; d'avoir, de leur propre mouvement et au milieu de la dissolution de tous les pouvoirs, empêché les grands excès de l'anarchie, et retenu l'état au bord du précipice ; satisfaits d'avoir, dans ces temps orageux, établi des formes provisoires dont l'heureuse influence se fait sentir encore ; et suffisamment récompensés de leur patriotisme par le témoignage de leur conscience : les électeurs déclarerent que leurs fonctions précaires n'ayant été prolongées que pour le salut de la patrie, il étoit temps de leur donner des successeurs plus authentiques.

La patrie en gémit ; mais elle les regarda

et les regarde encore comme ses sauveurs et ses libérateurs.

Ces fameuses journées, si fécondes en événements plus vrais que vraisemblables, et dont je n'ai guere tracé que les sommaires, passeront pour des annales, quand les Brizard (1) ou l'un des Tacite qui s'éleveront bientôt sous l'égide des saintes loix qu'on nous prépare, auront recueilli tout ce qu'il faut pour les traiter.

---

(1) M. l'abbé Brizard, citoyen dans le cœur, et l'un de ces rares écrivains dont on ne voudroit pas effacer une ligne aujourd'hui, entre autres excellents ouvrages, est auteur, 1°. d'un *éloge* de l'illustre *abbé de Mably*, qui l'aimoit et l'estimoit singulièrement; 2°. du livre intitulé : *Du Massacre de la Saint-Barthélemy*, *etc.*

DÉPUTATION

A L'ASSEMBLÉE NATIONALE, etc.

La députation étoit composée de

MM.

Dusaulx, *Oudart*, *Bourdon de la Crosniere*, commissaires du comité de la Bastille, et représentants de la commune de Paris.

Thuriot de la Roziere, avocat et représentant de la commune.

Le marquis de la Salle, chevalier de l'ordre royal et militaire de S. Louis, et ancien lieutenant colonel d'infanterie.

Elie, ancien officier au régiment de la reine.

Parein du Mesnil, avocat en parlement.

Dupon, ancien sous-lieutenant des vaisseaux du roi.

Lauzier, étudiant en droit.

Cholat, marchand de vin,

La Rondelle, chirurgien-major de la cavalerie nationale.
Drumeny, capitaine des grenadiers du district de l'Oratoire.
Richard Dupin, ancien officier de la marine.
Malfilatre, marchand tailleur.
Darentieres, courtier de change.

Officiers et Bas-Officiers provisoires du corps des volontaires de la Bastille.

MM.

Hulin, ancien officier au service de Geneve pendant la révolution, et commandant du corps des volontaires de la Bastille.
Tournay, ancien militaire.
Meurine, officier garde-chasse.
Rossignol, ancien sergent d'infanterie.
Voillot, ancien fourrier de dragons cavalerie.
Legry, ancien bas-officier d'infanterie.
Beno, citoyen.
Chapuy, ancien caporal au régiment des gardes-françoises.
Ducastel, ancien sergent de la marine.
Georget, ancien sergent de la marine.
Villeneuve, ancien éleve de la marine.
Estienne, ingénieur.

Ployé, ancien adjudant au régiment du roi.

Aubin Bonne-mer, citoyen.

Arnold, ancien garde-françoise.

Devis, ancien bas-officier d'infanterie.

De la Mandiniere, ancien officier au service de Hollande pendant la révolution.

Grolere, citoyen.

Déjon, ancien bas-officier d'infanterie.

Souberbielle, chirurgien major des volontaires de la Bastille.

LA PRISE
DE LA
BASTILLE;

Discours historique, prononcé par extrait dans l'assemblée nationale, le 6 février 1790, à la séance du soir.

Magna illic imago lætorum tristiumque.

Tacit.

Peres de la patrie,

Nous avons l'honneur de présenter à cette auguste assemblée, sous les auspices de la commune de Paris, sous les fortunés auspices d'un maire et d'un commandant général aussi chéris que révérés, les braves citoyens qui ont le plus contribué à la prise de la

Bastille : expédition très décisive, mais diversement envisagée, selon que l'on hait ou que l'on regrette la tyrannie (1).

Quel moment et pour eux et pour nous! quel triomphe pour les Hulin, les Elie, les Tournay! pour tant d'antres dont les noms seront bientôt inscrits par la reconnoissance sur des listes authentiques (2)!

Elles sont enfin tombées ces vieilles tours dont l'aspect sinistre consternoit jusqu'à

---

(1) Voyez le tableau du nombre de ceux qui ont été reconnus vainqueurs de la Bastille; voyez-y le nombre des morts, des blessés, des estropiés, des veuves et des orphelins.

(2) M. Hulin, ancien officier au service de Geneve pendant la révolution, partit de la place de Greve avec du canon, avec un grand nombre de grenadiers et de soldats citoyens, qui l'avoient choisi pour les commander : il entra l'un des premiers dans la place.

M. Elie, ancien officier au régiment de la reine, essuya le premier et dernier feu; se montra par-tout.

M. Tournay, ancien militaire, força, la hache à la main, le premier pont, et fit, pendant le reste de l'action, des prodiges de valeur.

l'innocence : mais comment et par quel miracle? c'est le sujet de ce discours.

Plusieurs d'entre nous, Messieurs, ont vu, entre deux soleils, soit dans l'intérieur de l'hôtel de-ville, soit au pied de cette forteresse qui foudroyoit les assiégeants, ont vu l'exposition, le nœud et le dénoûment de cette grande tragédie. Comme témoins et même comme acteurs, qu'il nous soit permis d'en tracer les scenes principales ; après quoi nous verrons sommairement quelle en est déja l'influence et ce que l'on en doit attendre.

PREMIERE PARTIE.

On avoit mis les citoyens de cette grande ville entre les bayonnettes et la famine ; et ce n'étoit, disoit-on, que pour leur faire peur : peur à huit cent mille hommes, que l'instinct de la liberté avoit réveillés ! Peut-être y auroit-on encore réussi cette fois, si l'esprit de vertige ne s'en étoit pas mêlé. Remercions le ciel de leurs perfidies, de leurs attentats : ils hâterent plus notre insurrection que n'auroient pu le faire dix autres années de sourdes calamités.

Dès que le tocsin se fit entendre, plus de cent mille citoyens nous offrirent à l'envi leurs services.

Ils nous dirent comme les montagnards de la Thrace le disoient aux Romains : — « Nous avons du fer, une jeunesse nombreuse, et déja prête à vaincre ou à mourir (1) ».

(1) Esse sibi ferrum et juventutem, et promptum libertati aut ad mortem animum.

Tacit.

Nous vîmes, entre autres, paroître dans notre assemblée les députés de l'arquebuse, dont la devise atteste l'intrépidité. — « Oui, n'en doutez pas, nous irons par-tout où vous l'ordonnerez, *à travers les traits, à travers les flammes* (1) ».

On y vit aussi les clercs de la Basoche : leur présence rappelloit d'anciens exploits. Ils parlent, et nous croyons entendre les représentants de ces trois cents Spartiates qui se dévouerent aux Thermopyles. — « S'il faut du sang pour conquérir et cimenter la liberté, le nôtre vous appartient ; à condition, néanmoins, que nous marcherons au feu les premiers, et jusqu'à ce que le dernier de nous y ait perdu la vie ».

Pourra-t-on le croire un jour ? Croira-t-on qu'un peuple que l'on ne regardoit plus depuis long-temps que comme un peuple d'égoïstes, absolument dégradé par un luxe avare et par toutes sortes de voluptés, endormi d'ailleurs, grands et petits, dans un esclavage d'autant plus honteux qu'il étoit volontaire ; croira-t-on, dis-je, qu'un tel peuple, sortant tout à coup de sa léthar-

---

(1) Per tela, per igne

gie, et devenu soldat en un clin d'œil, ait, en moins de trente-six heures, conquis toutes les armes de la capitale, et bientôt après, toutes celles des châteaux voisins? ait fabriqué cinquante mille piques? Car il reste encore du fer à ceux qu'on a ruinés (1). Parlez Elie; parlez Hulin.

Ils vous diroient, Messieurs, ce qu'ils nous ont dit et répété plus d'une fois, lorsque, dans notre comité (2), nous écrivions sous

---

(1) « Garde-toi, disoit Juvénal à un oppresseur de son temps, garde-toi de réduire au désespoir des hommes forts et malheureux. Quand tu ravirois le peu d'or et d'argent qu'ils possedent, tu ne leur ôterois point leurs boucliers ni leurs épées, leurs casques ni leurs fleches; car, *Spoliatis arma supersunt* ». Sat. VIII, v. 121.

(2) On forma ce comité peu de jours après la prise de la Bastille. Il s'agissoit d'abord de procurer des secours aux blessés, aux veuves et aux orphelins. M. de la Fayette leur a peut-être plus donné lui seul que l'hôtel-de-ville et le reste des citoyens. Nous l'aurions ruiné si nous avions voulu être complices de sa bienfaisance. Ensuite nous rassemblâmes les vainqueurs, afin qu'ils se reconnussent entre eux, et nous eûmes soin de les enregistrer à mesure. Ce travail long et très épineux n'est pas encore fini : que l'assemblée nationale dise un mot, il le sera bientôt.

leur dictée le détail de leurs brusques manœuvres et les hauts faits de leurs compagnons d'armes, lorsqu'ils nous présentoient ou nous indiquoient des veuves, des orphelins, et que nous comptions avec eux, les honorables blessures de tant de citoyens qui avoient si bien mérité de la patrie.

Aussi modestes que courageux, ils vous diroient : —Lorsqu'au retour des Invalides, dont nous avions saisi les armes, nous marchâmes par diverses routes et sans nous être concertés, du côté de la Bastille, à travers les applaudissements d'un peuple immense qui la proscrivoit à grands cris, qui nous bénissoit, nous encourageoit et nous suivoit (1); car nous le déclarons avec transport, nos succès appartiennent en effet à tous les citoyens de cette ville triomphante: dans cette conjoncture, ajouteroient-ils, il y eut de notre part moins de projet que d'enthousiasme; et sans nous être apperçus des obstacles, nous les surmontâmes;

---

(1) Le peuple ne se souleva que contre l'injustice et l'oppression : *Ut flagitiorum impatiens.* Tacit. Ann.

nous prîmes, pour ainsi dire, cette place à notre insu (1).

Je le crois d'autant plus volontiers, que plusieurs d'entre nous, enflammés par l'exemple, brûloient de voler sur leurs traces. Que dis-je? Le brave Thuriot de la Roziere les avoit déja prévenus. Par une audace inouie, cet électeur avoit, au nom d'un peuple qui commençoit à se connoître, d'un peuple souverain, déja sommé dans l'intérieur de la Bastille le gouverneur de se rendre. Seul, mais fort de son droit de citoyen, il y avoit harangué les soldats, dont les yeux s'ouvrirent; il y avoit bravé le danger, jusqu'au sommet des tours (2).

---

(1) C'est ainsi que parloient les premiers coopérateurs de cette expédition : mais nous avons su depuis que, malgré l'enthousiasme, il y avoit eu dans l'attaque une espece d'ordre, et quelquefois un concert admirable. La plupart se conduisoient aussi bien que s'ils avoient été commandés. Le mot du guet, depuis neuf heures du matin jusqu'à deux heures après midi, étoit d'un bout de Paris à l'autre : — « A la Bastille, à la Bastille »; et ce mot entraînoit des gens qui n'y auroient jamais songé.

(2) Voyez vers la fin du volume, parmi les *anecdotes*, le *récit* de ce qui concerne M. Thuriot de

Et

Et voilà comment on triomphe des obstacles qui paroissent insurmontables! Car les premiers élans et l'instinct de la liberté qui ose tout, qui ne craint point la mort, ont bien plus d'énergie que la réflexion... Ils enfantent des miracles !

Ce qu'il y eut alors de plus merveilleux, ce fut de voir des hommes suspects, jouer si bien le patriotisme, qu'on les compte aujourd'hui parmi les premiers moteurs de la révolution (1). Qu'importe! célébrons-les, en attendant que l'amour de la patrie, qui n'est encore que sur le bord des levres, passe insensiblement au fond du cœur. N'a-t-on pas vu des hommes devenir, par crainte ou par orgueil, apôtres et martyrs de passions ou d'opinions d'emprunt?

Les premiers qui se porterent à la Bastille n'y allerent que pour y demander des munitions et des armes : on les menace ; ils jurent de vaincre ou de mourir.

---

la Roziere ; *récit* conforme à ce qui a été publié dans le temps.

(1) Plusieurs nous offrirent leurs épées et leurs plumes, parlerent très haut et plus haut que nous : il n'en falloit pas moins pour qu'on daignât les écouter. Au reste, cette politique a bien tourné.

La foule augmentoit de moment en moment; elle se grossissoit de citoyens de tout âge, de toutes sortes de conditions; d'officiers, de soldats, de pompiers (1), de femmes et d'abbés; la plupart sans armes et rassemblés confusément.

On y vit même accourir des gens de la campagne. On y vit des étrangers et des guerriers avides de hasards : des guerriers récemment arrivés de différents points du globe; quelques uns de la veille ou du jour même, et qui avoient combattu dans les deux mondes, qui avoient déja contribué à plusieurs révolutions (2).

---

(1) Les pompiers, dont on connoît le zele, s'y porterent de leur propre mouvement. On voulut les employer à mouiller, sur les tours, les amorces des canons : mais ces tours étoient d'une telle hauteur, que le jet d'eau n'y pouvoit tout au plus retomber qu'en brouillards.

(2) Georget, canonier de la marine, revenant de l'Amérique, débarque à Brest, arrive le 14 matin à Paris : il apprend que l'on assiege la Bastille, ne dit rien et y court. Les preuves de tous ces faits sont consignées dans les procès-verbaux des déclarations qui nous ont été faites.

Un jeune Grec, sujet du grand seigneur, y contempla notre enthousiasme; il en revint François.

Plusieurs, dès qu'ils apprirent l'attaque de la Bastille, y allerent par différents motifs; quelques uns, dit-on, dans l'espoir du pillage, mais on en fit justice. D'autres ne s'y rendirent que pour secourir les blessés; que pour soustraire à la fureur des assiégeants des parens, des amis, ou ceux dont ils avoient, pendant leur captivité, furtivement reçu des consolations; de sorte que l'humanité, la reconnoissance et la piété filiale y furent exercées au risque de la vie.

Cependant on combattoit, on mouroit autour du pont-levis (1). Des femmes, vo-

---

(1) Le nommé Bouy de Valois y reçut dix coups de fusil; il vit encore. Bernard y fut foudroyé de trente-deux coups : il est vraisemblable qu'il reçut la décharge entiere de l'une de ces pieces chargées à mitraille, et que l'on appelloit les *amusettes* du maréchal de Saxe.

M. Souberbielle, chirurgien-major des volontaires de la Bastille, et qui, dans cette occasion, a payé de sa personne de toutes les manieres, m'a dit qu'un citoyen qui chargeoit en silence et tiroit

lant au secours de leurs époux, y ont été blessées. Une d'entre elles qui n'y cherchoit que la guerre, a depuis été mise au rang des vainqueurs de la Bastille.

Des peres y ont vu tuer leurs enfants qui venoient à leur aide, et des petits-fils leur grand-pere.

Ce fut alors que plusieurs députations successives y arriverent, tant de l'hôtel - de-ville que des districts (1). On ne sait pas encore à quoi s'en tenir sur la conduite du gouverneur. Le fait est que deux de ces députations, confondues avec la multitude, furent exposées à un feu roulant, et coururent les plus grands risques.

Le peuple trembloit pour ses députés ; les députés ne songeoient qu'au peuple.

Honneur à ce digne président (2) et à ses généreux collegues, qui, dans le Musée,

---

depuis une heure, avoit reçu du haut des tours une balle plongeant dans la capacité. Il chancelle ; on court à son aide. La tête penchée sur les bras de ceux qui le soutenoient : — « Mes amis, leur dit-il, je me meurs ; mais tenez bon, vous la prendrez» ; et il rendit le dernier soupir.

(1) Voyez la notice page 9.

(2) M. de la Vigne.

remirent si à propos l'électorat en vigueur. Il vous en souvient, Messieurs, et l'histoire en parlera. Honneur à ce ministre des autels, aussi intrépide qu'éloquent (1), et sans cesse dévoré par l'amour d'une liberté qu'il voudroit rendre inaltérable; d'une liberté, par conséquent, plus que grecque et romaine.

Honneur enfin, honneur à ce brave Francotay, qui s'étant volontairement séparé de ses collegues, se porta dans les endroits les plus périlleux (2). Il voit tomber à ses cô-

(1) M. l'abbé Fauchet.

(2) Un jeune homme, après avoir tiré, se jeta aux genoux de M. Francotay qui tenoit un mouchoir en guise d'étendard : — « N'avancez pas, vous allez être tué comme tant d'autres, et cela par la plus exécrable de toutes les perfidies ». M. Francotay s'élance, passe par-dessus le cadavre d'un pere de famille que tout le monde regrettoit ; et ce fut alors qu'on lui cria : — « Sauvez-vous, la trahison est manifeste ». — « Je ne me sauve point, mes amis, mais je me retire, puisque vous l'exigez ».

En revenant on lui fit remarquer, sur le mur opposé, les trous de cent balles qui avoient sifflé à ses oreilles.

tés des femmes, des enfants, des vieillards, et leur crie : — « Citoyens, que faites-vous? Votre zele impuissant retarde l'arrivée de nos soldats, de nos canons, et vous allez tous périr gratuitement dans cette cour encombrée ». — « Non; car nos cadavres serviront à combler le fossé ».

Que de paroles, que de faits héroïques, Messieurs, nous ont été transmis, moins par ceux qui avoient frappé les grands coups, que par ceux qui les ont vu porter !

On risquoit sa vie ailleurs qu'à la Bastille, et tous les postes étoient assez dangereux pour que personne ne pût guere se promettre le lendemain; encore moins les électeurs, investis dans le comité permanent. Outre que leurs maisons avoient été marquées par les ennemis du bien public, leurs propres amis les rendoient responsables de la poudre et des autres munitions qui manquoient à l'hôtel-de-ville. Cependant on en vint chercher pour continuer le siege; et quatre-vingts Brutus, sourds à nos représentations, furent près de nous immoler dans le comité permanent (1).

---

(1) Brutus ne fut point l'assassin de César, com-

J'y étois, Messieurs, lorsque l'un de nous les adoucit un peu : mais ils en vouloient toujours au prévôt des marchands. L'intrépide Palloy, qui démolit aujourd'hui la Bastille, qu'il a si puissamment assiégée, et vingt autres non moins furieux, tonnerent contre lui. — Il nous a, disoit l'un, dans le cours de cette journée, plusieurs fois donné le change. — Il parle, disoit l'autre, d'ouvrir une tranchée, de faire construire une catapulte ; et ne cherche, en effet, qu'à gagner du temps, pour nous faire perdre le nôtre (1). Que devenir, ajoutoient - ils, si la Bastille n'est pas prise avant la nuit (2) ?

---

me on l'a improprement écrit ; il n'en fut que le meurtrier ; ce qui est bien différent. *Causa facit rem dissimilem*. Juv.

(1) Ces moyens ridicules ne leur parurent qu'un jeu joué par des gens apostés. Un chevalier de Saint-Louis, appellé M. le Major, disserta sur la tranchée. Un jeune charpentier proposa la catapulte. — « Fi donc, lui dis-je » ; et il voulut m'apprendre ce que c'étoit qu'une catapulte. Je fis signe à M. de Flesselles de leur imposer silence, et d'aller au fait ; ce qui me concilia tous les suffrages de cette redoutable assemblée.

(2) Ils étoient persuadés, et nous l'étions aussi,

Soit que Flesselles fût innocent ou coupable, la pitié saisit l'un de nous au point qu'il lui fit des signes et qu'il osa parler en sa faveur. Heureux s'il avoit pu le voir et l'entendre (1)! sa situation n'étoit pas sans ressource ; mais il se livra lui-même et ne fit que balbutier (2).

Ce fut alors qu'un vieillard, avec l'air de Saturne irrité, nous regardant tous, s'écria :

---

que les troupes du roi feroient une irruption pendant la nuit. Les voisins de la Bastille craignirent que leurs maisons ne fussent rasées le lendemain, pour faciliter l'usage des canons et balayer les entours, etc.

(1) Que n'a-t-il dit à tous ces soldats citoyens : — « Vous voulez donc absolument prendre la Bastille? hé bien, marchons. Je me mets à votre tête; vaincre ou mourir, etc. » Pourquoi n'auroit-il pas fait ce qu'ont osé faire tant d'électeurs? Ah! pourquoi? c'est qu'il tenoit à la faveur, au crédit, à sa place. J'ai su depuis que plusieurs citoyens étoient venus pour l'engager à sommer lui-même le gouverneur.

(2) Toutes ses facultés furent tellement suspendues, que je lui vis mâcher, pendant une heure entiere, et sans pouvoir l'avaler, sa derniere bouchée de pain.

— Que faisons-nous avec ces traîtres? Camarade, marchez et suivez-moi; sous deux heures la Bastille sera prise.

A partir de cette époque, elle le fut en moins de temps, Messieurs; et ces généreux volontaires y sauverent proportionnellement plus d'hommes qu'ils n'en avoient perdus. Tous conviennent qu'Elie, et le fameux Hulin qu'ils ont choisis pour chef, s'y montrerent plus grands encore par leur humanité, que par le courage, dont ils ont donné tant de preuves éclatantes.

Ils partent; et cette troupe ardente qui nous investissoit, nous pressoit de toutes parts, nous laisse enfin respirer. Mon sujet m'entraîne; mais je reprendrai bientôt le fil de ce récit. Suivons donc ces vengeurs de la patrie, ces Anges exterminateurs de l'affreux palais du despotisme.

Le moment approchoit où ce môle informe et proscrit depuis si long-temps par l'exécration de l'Europe entiere, alloit bientôt rentrer dans le néant.

La place tenoit encore, mais tous les ponts étoient franchis. Que fera le gouverneur, flotant entre son serment illégal et la crainte d'un peuple immense, à qui rien désormais ne sauroit plus résister?

Dans les derniers accès de son désespoir, il donne des ordres sanglants et meurtriers. Parmi ses soldats, les uns le plaignent, les autres lui résistent, et tous restent immobiles (1). Il en est réduit à desirer le sort des prisonniers, dont il n'étoit en effet que le premier geolier; ses yeux inquiets se tournent vers les cachots les plus profonds; il soupire après les ténebres palpables de ces antres infernaux.

Tantôt il veut se rendre à discrétion, tantôt s'ensevelir sous les débris de la place. On le vit, tenant une meche enflammée, s'élancer vers les poudres, dont l'explosion auroit entraîné la ruine de plusieurs milliers d'hommes, auroit détruit, de fond en comble, une partie de la ville.

Qui l'a retenu? car il faut qu'on le sache. Ce furent Ferrand et Bècard, deux de ces

(1) Lors de la prise de la Bastille la garnison étoit composée de 82 soldats invalides, renforcés par 32 hommes du régiment de Salis-Samade, commandés par un officier. Le 13 juillet, à deux heures du matin, M. de Launay les fit rentrer dans l'intérieur de la forteresse. *Voyez la Bastille dévoilée*, n° 11, *page* 31.

hommes dont la seule Providence connoît le cœur ; de ces rares citoyens qu'elle tient en réserve et choisit souvent dans les rangs les plus obscurs, quand elle veut nous garantir de quelque grande calamité. Au reste, ces deux bas-officiers lui présentant la bayonnette, l'écarterent du volcan qu'il alloit embraser. Le premier vit encore; mais l'autre, peu de temps après cet acte vraiment patriotique, fut, par méprise, immolé comme un traître (1).

Déja l'une des portes de la derniere enceinte est ouverte, et bientôt le pont-levis est baissé. Cinq ou six des premiers com-

(1) Il eut la main coupée et fut pendu. Les veuves de la Bastille ont fait en faveur de la veuve de cet infortuné une action d'autant plus méritoire, qu'elles sont toutes dans la derniere pauvreté. Nous avions à partager entre elles une somme de 4200 l. qui nous avoit été envoyée de S.-Domingue. Cela ne regardoit que les veuves des assiégeants; mais celles-ci, par respect pour la vertu malheureuse, ont voulu avoir pour sœur et copartageante la veuve de l'assiégé. Cherchez de ces traits-là dans la grande fortune? vous en trouverez peut-être, mais en si petit nombre!

battans se précipitent dans cette cour désastreuse, et presque toujours privée des rayons du soleil. Tous se disputent l'honneur d'arrêter le chef tremblant au milieu de sa garde, et chacun d'eux prétend l'avoir arrêté le premier. Mais l'intrépide Cholat réclame : — « C'est moi, dit-il, qui l'ai reconnu, c'est moi qui l'ai saisi ». Quoi qu'il en soit, ils s'accordent à dire que le malheureux de Launay, levant les yeux aux ciel, voulut se poignarder (1). On le retient pour le conduire en triomphe, et le citer au tribunal dont il avoit méprisé les ordres ; il n'eut pas le temps d'y arriver.

Le reste des assiégeants se jette à flots redoublés dans l'intérieur de cette haute et profonde caverne, éclairée par les flammes qui dévoroient en dehors la maison du gouverneur (2). Tel fut le sort du palais de

(1) Le couteau avec lequel il voulut se frapper a été déposé le lendemain au comité de Saint-Louis de la Culture, par M. Mangin, brigadier de maréchaussée.

(2) Les flammeches qui tomboient dans la cour firent craindre pour les poudres.

Priam (1) ; s'il est permis cependant de comparer la demeure sacrée d'un bon roi, à un repaire sacrilege et rempli de satellites assermentés (2).

Les combattants, qui étoient entrés les premiers, avoient promis de garantir le chef et ses soldats de toutes sortes d'atteintes. On sait, et je l'ai dit, quelle fut à cet égard la franchise de leur conduite ; elle fut telle qu'ils continuerent à les protéger jusqu'à ce qu'on les eût mis eux-mêmes hors de combat.

Embrassant les officiers et les soldats consternés :—« Rassurez-vous, leur disoient-ils ; selon les loix de la guerre, selon la loi de l'honneur, nous n'avons combattu que pour

---

(1) Omnis syria pubes
Succedunt tecto, et flammas ad culmina jactant. *etc.*
Apparet domus intus, et atria longa patescunt :
Apparent Priami, et veterum penetralia regum.
VIRG. *Æneid. l.* 11, *v.* 477.

(2) Le gouverneur prêtoit le serment de fidélité au roi, et le reste des officiers le prêtoit au gouverneur. Après Dieu on ne reconnoissoit dans la Bastille que le roi ; on n'y prioit que pour lui et sa famille. *Voyez la B. d. n°.* 1, *p.* 26 *et* 28.

vaincre et pardonner ». Mais la plupart de ceux qui marchoient sur leurs traces, s'engouffrant avec violence, veulent tout exterminer; et ce fut le plus beau moment de nos héros. Du geste et de la voix ils les avertirent de ne pas souiller leur triomphe. Supprimez, en effet, la commisération qui naturellement doit suivre la conquête, et vous n'y verrez plus, quel qu'en soit l'éclat, que de la barbarie sans héroïsme.

Élie, Hulin et leurs fideles compagnons parviennent, non sans efforts, à les calmer un peu, ou du moins à changer la direction de leurs mouvements impétueux; car ceux qui pleuroient la mort d'un pere, d'un frere ou d'un ami, dont le sang fumoit encore, n'avoient pas la force de résister à cette passion, la plus impérieuse peut-être de toutes celles qui tourmentent la fragile humanité.

Après avoir exhalé leur premier feu, après quelques coups portés au hasard et même contre les leurs (1), ils se dispersent, afin

(1) Plusieurs, dans le tumulte, furent blessés et même tués, soit pendant l'attaque, soit après avoir pénétré dans la derniere enceinte.

de juger de tout ce que la renommée publioit sur les mysteres de cet affreux local.

Comme des vautours, ils se jettent sur les entrailles de leur récente proie; ils en sondent les profondeurs, ils en parcourent toutes les sinuosités. Les uns remplissant les sombres escaliers, montent sur les plates-formes, d'où, quelques heures auparavant, le brave Thuriot de la Roziere s'étoit montré au peuple ravi de cet exploit.

Parvenus au sommet, ils bénissent le ciel et ne regardent plus ce qui les avoit tant effrayés, que comme de vains épouvantails. Ils insultent aux canons qui recéloient des foudres dirigées contre nous; il les tournent contre quiconque oseroit s'approcher du fauxbourg. Nos ennemis, de toutes les sortes, prenoient déja la fuite : non seulement nos ennemis armés, mais d'autres encore plus dangereux.

Bientôt ils ébranlent, ils renversent d'énormes pierres dont le bruit, en tombant, retentit dans tous les cœurs françois, se communique de proche en proche, d'échos en échos, et donne au loin le signal de la victoire.

D'autres forçoient la chambre du conseil;

de ce conseil impie, où des ambitieux esclaves de la faveur et gagés par la haine, jugeoient sans loix, faisoient exécuter sans remords.

Plusieurs s'efforçoient d'entrer dans la chapelle. Un prêtre s'écrie : — « C'est ici le lieu saint, la maison du Seigneur » ! Les vases sacrés sont respectés ; et ils n'emportent pour nous le rendre, qu'un tableau où les attributs de l'esclavage, par un rafinement de cruauté, avoient été mis sous les yeux des malheureux prisonniers (1). Mais en sortant ils détruisent à coups de pierres un cadran dont les supports représentoient deux esclaves courbés sous le poids de leurs chaînes ; et la date de cette autre insulte au malheur (2), étoit assez récente.

(1) Ce tableau fut apporté le lendemain dans notre salle, et il y est resté assez long-temps exposé aux regards du public, qui ne pouvoit pas concevoir cette recherche tyrannique ; il étoit peint avec soin, et représentoit *Saint Pierre aux liens.*

(2) Quand on faisoit prendre l'air à un malheureux prisonnier, on appelloit cela *les libertés de la Bastille.* Il y avoit aussi une *tour de la liberté ;* et, dans le sens de ces Messieurs, c'étoit à coup sûr la plus affreuse.

Le

Le plus grand nombre parcouroit tumultuairement les prisons, descendoit dans les cachots, dont les clefs couroient déja Paris.

Les doubles, les triples portes ferrées et aussi épaisses que les portes extérieures des citadelles, garnies d'ailleurs de serrures, de verroux monstrueux, et dont l'aigre siflement, quand elles tournoient sur leurs mobiles gonds, annonçoit aux prisonniers plutôt le trépas que des aliments ou des secours, tombent sous leurs coups redoublés. Ils reculent d'horreur en voyant, à la lueur des flambeaux, ces froides catacombes, ces hideux sépulcres, où la vie se consumoit lentement entre les bras de la mort.

Les clameurs de plus de cinquante mille, tant combattans que spectateurs, avoient retenti dans l'intérieur des tours, et dans l'un de ces réduits funebres où se mouroit, depuis trente ans, un vieillard qui en avoit déja passé dix dans une autre Bastille. Il ne savoit plus ni qui régnoit dans son pays ni où nous en étions à cette époque, aussi imprévue qu'unique dans l'histoire; et même il commençoit à croire qu'il n'existoit plus sur la terre désolée, d'autres humains que ses geoliers.

Tavernier, c'est le nom de ce prisonnier, entend gémir sa porte que l'on enfonçoit à grands coups de haches et de massues. — « Vient-on enfin, s'écria-t-il, me délivrer de ma captivité, ou plutôt du fardeau de cette existence amere et vraiment insupportable »?

Quelque misérable qu'elle fût cette vie trop prolongée, il se disposoit néanmoins à la défendre; lorsqu'au lieu des assassins qu'il redoutoit, il se sentit tout-à-coup presser par les douces étreintes de ses libérateurs, qui l'arroserent de leurs larmes généreuses (1).

---

(1) Tavernier étoit, disoit-on, fils naturel de Pâris Duverney, frere de l'opulent Pâris de Montmartel. Il avoit déja passé dix ans aux isles Sainte-Marguerite. Quelqu'un le recueillit pendant la nuit qui suivit la prise de la Bastille. On nous l'amena trois jours après. M. du Veyrier, secrétaire des électeurs, l'ayant interrogé, lui trouva la tête absolument dérangée. Nous l'envoyâmes à Charenton. Un honnête homme le réclame: nous le lui confions à la charge d'en répondre; mais il revint bientôt solliciter un ordre pour le reconduire où il l'avoit pris.

Tandis que tout étoit en combustion, depuis le comble jusqu'au fond des cachots, l'or, l'argent et les papiers étoient au pillage (1). Les papiers ! ces formidables témoins, aujourd'hui soulevés contre les cendres de nos anciens despotes, celles de leurs ministres, et la terreur de nos satrapes fugitifs.

On enlevoit d'anciennes armes, effrayantes par leurs formes aussi bizarres que meurtricres, et jusqu'à des chaînes, hélas ! trop souvent teintes de sang. On emportoit aussi de funestes entraves, dont quelques unes étoient usées par le frottement journalier, et l'on frémissoit d'indignation en songeant à la multitude de ceux dont elles avoient fait le tourment habituel.

---

(1) Le pillage des papiers continua pendant deux jours. Lorsque, le jeudi 16, mes collegues et moi nous descendîmes dans l'espece de cachot où étoient les archives, nous trouvâmes sur des tablettes les cartons très bien rangés ; mais ils étoient déja vides. On en avoit tiré les pieces les plus importantes : le reste étoit répandu sur le plancher, dispersé dans la cour et jusque dans les fossés. Cependant les curieux y trouvoient encore de quoi glaner.

Je l'ai vu, je l'ai touché ce vieux corselet de fer, inventé pour retenir un homme par toutes les articulations du corps, et le réduire comme Thésée dans les enfers, à une éternelle immobilité. L'hôtel-de-ville possede maintenant ce chef-d'œuvre digne des furies, ou des Phalaris et des Cacus.

Plusieurs autres machines non moins combinées, non moins destructives, n'échapperent pas à leurs recherches; mais personne n'en pouvoit deviner ni les noms, ni l'usage direct; c'étoit le secret des bourreaux et de ceux qui les payoient (1).

On me dira peut-être que depuis longtemps la torture et les supplices n'avoient plus lieu dans ce fameux château : soit,

(1) Le maître des requêtes qui fit, dans cette prison extrajudiciaire, subir un interrogatoire à la Porte, valet de chambre de la reine Anne d'Autriche, paroît avoir été très versé dans la science infernale des instruments de tortures. Pour disposer ce prisonnier, il les lui montra préliminairement et en détail, lui en expliqua la manœuvre et les effets. C'est ainsi que l'on forçoit un malheureux à s'accuser lui-même contre le témoignage de sa propre conscience. *V. l. B. d., n°. 11, p.* 38.

quoique j'en doute ; mais desquels veut-on parler ? est-ce que le régime cauteleux et perfide, est-ce que les aliments infects, et l'air que l'on savoit rendre plus ou moins pestilentiel, n'y valoient pas des chevalets, des brodequins et des bourreaux (1) ? Il me suffit que l'on y ait trouvé des instruments de mort et propres à tourmenter les hommes de tant de manieres, pour être persuadé que

(1) On montre au lycée une lettre de M. Pelissery, écrite à M. de Losme, major de la Bastille, et cette lettre porte en substance : — « Pendant les sept ans que j'ai passés dans cette forteresse, je n'y avois point d'air durant la belle saison. En hiver on ne me donnoit, pour réchauffer ma chambre glaciale, que du bois sortant de l'eau. Mon grabat étoit insupportable, et les couvertures en étoient sales, percées de vers. Je buvois, ou plutôt je m'empoisonnois d'une eau puante et corrompue. Quel pain et quels aliments on m'apportoit ! des chiens affamés n'en auroient pas voulu. Aussi mon corps fut-il bientôt couvert de pustules ; mes jambes s'ouvrirent ; je crachai le sang, et j'eus le scorbut. Et pourquoi le tyran subalterne qui me persécutoit, m'a-il infligé tous ces tourments ? pour fatiguer ma conscience, m'ôter l'honneur, et me prendre ensuite à son service ». *V. l. B. d.*, *n*°. 111, *p.* 19.

si l'on n'en usoit pas habituellement, on vouloit du moins savoir où les prendre dans l'occasion; d'ailleurs, peut-on calomnier la Bastille?

En la démolissant on vient de trouver un cadavre inhumé dans le bastion. Mais attendons que la démolition soit achevée, pour savoir à quoi nous en tenir sur les exécutions secretes.

Quand le peuple vit le gouverneur entre les mains des vainqueurs de la Bastille, sortant en triomphateurs de cette forteresse humiliée, il remarqua que chacun d'eux rapportoit des témoignages, plus ou moins précieux, de la victoire qu'ils venoient de remporter. Que l'on ne s'imagine pas que personne osât ou voulût s'approprier cet infâme butin (1); on le portoit comme la dépouille d'un monstre venimeux dont on avoit eu le bonheur de triompher.

(1) Le jour même et les jours suivants, ce butin fut, en grande partie, rapporté soit à l'hôtel-de-ville, soit dans les districts. C'étoit une chose admirable de voir des pauvres rendre jusqu'à de l'argent monnoyé. A ceux qui en témoignoient de la surprise, ils leur disoient: — « Nous ne sommes point des voleurs, mais de bons citoyens ».

Ce butin, nous allons bientôt le voir reparoître dans une scene non moins ardente que celle-ci, et dont je n'ai tenté l'esquisse que sur la parole véridique des principaux acteurs; car, ce que je viens de raconter, on me l'a dit; le reste je l'ai vu.

SECONDE PARTIE.

Lorsque j'ai suspendu le récit de ce qui se passoit dans notre comité, on y étoit bien loin, Messieurs, de prévoir quel seroit le sort du siege de la Bastille, dont, relativement à ce que nous en pouvions savoir, je n'ai parlé que par anticipation.

Reprenons le fil de ce récit, interrompu pour suivre l'ordre des événements. Délivrés de la foule impatiente qui nous environnoit, nous commençâmes à nous reconnoître ; mais cette fausse sécurité fut de courte durée. Le commissaire Carré, l'un des électeurs, nous apparoît comme un spectre, et nous crie de la porte : — « Vous n'avez pas deux minutes à vivre si vous restez ici ; la Greve, prévenue contre vous, frémit de rage, elle jure votre mort ; les conjurés me suivent ». Il dit, et disparut.

Nous allions sortir lorsqu'une bande de citoyens armés nous ferma tout-à-coup le passage. Après nous avoir lancé des regards terribles, que de nouveaux reproches nous essuyâmes de toutes parts, et sur-tout le malheureux Flesselles! non, je ne sache point de constance capable de résister à de pareils assauts, à moins d'avoir pour soi le témoignage de sa propre conscience. Il s'affaissoit de plus en plus, et je le vis plusieurs fois prêt à s'éteindre dans cette longue et cruelle agonie.

Cependant on n'en vouloit pas encore à ses jours. Ces hommes, que l'on nous avoit dits si furieux, n'avoient, dans ce moment, d'autre projet que de nous citer, et lui surtout, à notre assemblée générale, pour y être entendus sur l'article des poudres, et y être jugés en présence du peuple.

Las de vivre, il y consentoit. L'abbé Fauchet lui fit sentir les conséquences de cette démarche prématurée. — « Restons ici, lui disoit-il, le plus long-temps que nous pourrons, parcequ'il sera plus facile de vous y faire entendre que dans une salle immense, déja pleine, et où tout doit être en cet instant dans la plus grande agitation ».

Quoique l'abbé Fauchet déployât contre nos adversaires toutes les ressources de l'éloquence, il ne gagnoit rien ou peu de chose : la troupe opiniâtre persistoit toujours dans son premier dessein.

Quant à moi, n'ayant plus le même ascendant sur ces nouveaux venus, et présageant d'ailleurs quelle seroit l'issue de ces débats, je m'imaginai que s'il m'étoit possible de parvenir dans la grande salle, j'y servirois bien mieux mes collegues que dans ce comité, en butte à tant d'invincibles préventions.

Je tentai donc d'y pénétrer afin d'y préparer les esprits ; mais je n'y parvins qu'à travers plusieurs sortes d'hostilités, auxquelles je commençois à m'accoutumer.

Une fois arrivé, je m'appercus, dès le seuil de la porte, que cet asyle, ou plutôt ce terrible chaos, n'étoit pas moins dangereux que notre comité (1). Dès lors je souhaitai de n'y pas voir paroître ceux que dans la premiere irruption j'avois eu le bonheur de garantir de la colere d'un peuple dont, à quelques égards, j'avois su gagner la confiance; et cela, en me montrant tel que j'étois, c'est-à-dire exempt de crainte et leur ami.

(1) Necessitas in loco, spes in virtute, salus ex victoria. Tac. *Ann.*

Un nouveau spectacle frappa mes regards; j'y vis sévir des passions nouvelles. Toutes les banquettes étoient surchargées de citoyens armés comme des Sauvages ; mais de quels citoyens? De ceux qu'on ne se souvient pas d'avoir jamais rencontrés au grand jour. D'où sortoient-ils? qui les avoit tirés de leurs réduits ténébreux? Qui? O si c'étoit l'amour de la liberté! N'en doutons pas; elle est si féconde en phénomenes!

Tantôt ils regardoient, ils écoutoient dans un profond silence ; tantôt ils se livroient à des murmures sourds et qui ressembloient au bruit du tonnerre grondant dans le lointain (1). On sentoit, en quelque sorte, que l'orage pesoit et que le nuage alloit crever : j'en dirai bientôt la cause.

Vingt minutes environ s'étoient écoulées depuis que j'étois sorti de notre comité. On n'y put jamais, comme je l'avois prévu, fléchir la volonté de ceux qui avoient résolu d'amener dans la grande salle, sur-tout le prévôt des marchands ; et l'on sait à quel

---

(1) Diversis animorum motibus, pavebant terrebantque. TAC. *Ann.*

dessein. — « Qu'il vienne, qu'il nous suive ». Excédé de tant d'injonctions : — « C'en est trop, s'écria-t-il ; marchons puisqu'ils le veulent ; allons où je suis attendu ».

Son entrée y fit peu de sensation, parce-qu'on avoit d'autres affaires. Dès qu'il eut pris séance, cette situation m'a trop affecté pour en omettre les détails ; il fut couché en joue par plusieurs citoyens. — « Vous allez, en même temps, tuer vos défenseurs, s'écria M. de la Poise ». Ils leverent le bout du fusil.

Bientôt après, il fut environné par ceux qui vouloient le faire juger : mais il y avoit tant de tumulte qu'ils n'insisterent pas et le laisserent tranquille pendant un espace de temps assez considérable. Qu'ai-je dit, tranquille ? Ses transes redoublent.

L'abbé Fauchet, qui l'avoit suivi de près, venoit d'arriver rapportant du comité quatre valises pleines de papiers interceptés. Après avoir déposé ces papiers sur le bureau, qui en étoit déja surchargé, il va s'asseoir à côté de cet infortuné, sur le front pâlissant duquel étoient empreintes, depuis plus de deux heures, toutes les âfres de la mort, dont l'image à chaque instant se représente à lui sous les aspects les plus hideux.

Se rassurant un peu et profitant du délai que ses ennemis sembloient lui accorder, il s'incline vers l'abbé, sa derniere espérance, lui parle à mi-voix et lui serre les mains. Il le conjuroit d'aller vîte au district de Saint Roch : — « On y veut ma tête, ajouta-t-il ; c'est le foyer d'où partent toutes les accusations intentées contre moi ; allez, et dites-leur : — « Il ne demande que le temps de se justifier ».

L'abbé Fauchet, qui a joué tant de rôles périlleux dans le cours de cette révolution, n'hésite pas à se dévouer encore au salut de son semblable : — « Ami ou ennemi, qu'importe ! disoit-il, quand il s'agit de sauver un homme ».

Il part, il fend la presse hérissée de pointes menaçantes ; il monte en chaire à deux reprises, et n'en descend qu'après avoir vainement épuisé toutes les ressources que la sensibilité peut fournir à l'éloquence.

Désespérant d'adoucir ses inflexibles auditeurs, il alloit reprendre le chemin de l'hôtel-de-ville pour y tenter quelque nouveau moyen capable de détourner la foudre prête à frapper son client. Ce qu'il apprit, en descendant les marches de S. Roch, le força de s'arrêter. Ecrasé du coup, il soupire, il gémit, et s'enveloppe dans sa douleur pour le reste de la journée.

Pendant cet intervalle, le prévôt des marchands présidoit notre assemblée, réduite à très peu de nos membres, par l'impossibilité d'y pouvoir aborder. Dissimulant ses noirs chagrins, se flattant peut-être, il tâchoit de montrer et montroit en effet une sorte d'assurance. On le vit, jusqu'au moment fatal, ouvrant les paquets, écoutant tout le monde avec un empressement et une affabilité tels qu'il s'en seroit tiré, si le parti de le faire périr n'avoit pas été pris irrévocablement. Mais il avoit encore quelques moments à vivre, ou plutôt à languir.

Voyons maintenant ce qui causoit la fermentation dont j'ai parlé.

Depuis trois jours entiers, et sur-tout dans ce jour turbulent, la terreur et la défiance, causées par le voisinage d'un camp plus que suspect, par d'autres troupes environnantes, et par toutes celles qui avoient été, disoit-on, appellées des diverses provinces; enfin par des factions intérieures, et d'autant plus redoutables qu'elles se couvroient d'épaisses ténebres pour nous frapper à l'improviste : toutes ces causes, en même temps réunies, avoient tellement effarouché les citoyens, les avoient rendus si défiants, qu'à chaque pas il falloit décliner son nom, déclarer sa profession, sa demeure et son vœu.

Ajoutez qu'on ne pouvoit plus entrer dans Paris ni en sortir sans devenir suspect de trahison ; de sorte que, sous le moindre prétexte, on nous dénonçoit de toutes parts ceux que l'on croyoit contraires à la révolution ; ce qui signifioit déja ennemis de l'état. Sans autre examen, on ne parloit pas moins que de saisir leurs personnes, d'abymer leurs maisons, de raser leurs hôtels. Après la lecture de deux lettres fameuses (1) faite

(1) Ces deux lettres adressées, l'une au gouverneur, l'autre au lieutenant de roi de la Bastille, sont trop connues pour en parler. Elles nous furent apportées par des soldats du district de S. Gervais. Ils nous en firent prendre copie, ne voulant pas s'en dessaisir. Ce qui nous frappa le plus, ce fut le courier du baron de Bezenval, qu'ils nous avoient aussi amené : ce malheureux, qui cependant n'avoit rien à se reprocher, trembloit au

dans notre comité, un jeune homme s'écria : — « Qu'à l'instant on me suive, et marchons chez Bezenval ».

On nous annonçoit à chaque instant, avec leurs effets et leurs papiers, des couriers, des transfuges arrêtés aux barrieres ; et qui, cherchant des juges dans cette foule inquiete, n'y rencontroient guere que des ennemis, d'autant plus sujets à se méprendre, qu'ils jugeoient sur les allégations beaucoup plus que sur les faits.

Quelques paquets furent ouverts et lus publiquement : on en mit de côté plusieurs autres, qui contenoient, disoit-on, le secret des premiers agents conjurés contre nous. La dépêche du ministre de la guerre fut soustraite aux regards du public.

La curiosité alternativement satisfaite et redoublée par de prétendues découvertes, par des alarmes renaissantes, et je ne sais quelle malignité secrete qui desire ce qu'elle craint (1), avoit tellement préoccupé les esprits,

point que nous craignîmes de le voir expirer sous nos yeux.

(1) *Populus*, novarum rerum cupiens pavidusque. Tac. *Ann.*

esprits, que l'on ne songeoit plus dans notre assemblée ni à la Bastille ni au prévôt des marchands. Il devoit d'autant plus s'en féliciter, que le temps qui s'écouloit lui faisoit espérer le prochain retour du génie tutélaire qu'il avoit député au district de S. Roch.

Observez, Messieurs, que le reste de Paris n'étoit pas moins agité que notre salle. Presque tous les citoyens, veillant sur leurs entours, travailloient de concert à se prémunir contre une attaque nocturne, dont on ne cessoit de parler depuis deux jours. Demandez à l'un de nos collegues les plus zélés, au franc et généreux Lubin ce que l'on craignoit dans son quartier (1), et ce qu'il y fit aidé de ses deux fils.

Les uns dépavoient les rues, les autres ouvroient des tranchées, et l'on sait que des chevaux de frise furent semés dans plusieurs endroits. C'est à toutes ces alertes, n'en doutons pas, c'est à cette diversité de soins, à ce concours unanime, et qui tient du prodige, en un mot à cet instinct public, que nous et la France entiere nous devons notre salut.

(1) Le fauxbourg S.-Honoré, par où, disoit-on, devoit se faire la premiere attaque.

Malgré tant de prudence et de bravoure, il étoit difficile néanmoins de présager l'issue de cette journée si importante. Cinq heures étoient sonnées, et la Bastille n'étoit pas encore prise. Chacun à l'hôtel-de-ville, où tout aboutissoit, jugeoit de notre situation selon qu'il étoit plus ou moins étonné.

Comme les esprits vivement affectés sont enclins à la superstition (1), quelqu'un nous déclara que tous ces bruits confus, ces vagues conjectures et ces opinions discordantes, dont nos oreilles étoient incessamment frappées ; que tant d'hommes cités à notre tribunal, tant de secrets révélés d'un moment à l'autre ; enfin, tant de vicissitudes et de perplexités, lui persuadoient, de temps en temps, qu'il assistoit au *jugement dernier;* et cependant il ignoroit la profondeur de l'abyme au-dessus duquel nous étions suspendus.

Quoique la veille j'eusse dit comme les autres, *le sort en est jeté* (2); quoique je

(1) Sunt mobiles ad superstitionem perculsæ semel mentes. TAC. *Ann.*

(2) On sait que César, prêt à franchir le Rubicon, s'écria : —*Alea jacta est.*

m'attendisse à tout, j'avoue qu'entraîné par le torrent, je crus assister à la décomposition totale de la société. Mais ce n'en étoit encore que le prélude ; car nous étions réservés à bien d'autres convulsions. La crainte de la famine ne devoit-elle pas bientôt succéder à la guerre? et ne sait-on pas ce qu'a produit, à plusieurs reprises, cette crainte suscitée par tant de manœuvres détestables?

Pendant ce conflit d'accusateurs et d'hommes la plupart témérairement accusés, des cris perçant s'élevent du milieu de la Greve : — Victoire ! Victoire et Liberté (1) ! Il s'agissoit de la prise de la Bastille, annoncée au peuple par le retour des vainqueurs que l'on appercevoit dans le lointain.

Nous doutions de cet exploit, lorsqu'un flot de soldats citoyens inonda cette salle populaire, que les Parisiens avoient toujours regardée comme un temple inviolable.

---

(1) Quand Flamininus fit lire le fameux décret qui rendoit la liberté aux Grecs, ils pousserent des cris de joie tels que la mer en retentit.

PLUT. *Vie de Flamininus.*

Qu'y venoient-ils faire dans cette salle? — Y rendre hommage de leur conquête; et, quoiqu'ils respirassent la vengeance, y solliciter, comme au seul tribunal qu'ils reconnussent depuis l'insurrection, le châtiment légal de ceux qu'ils amenoient, et dont, après avoir emporté la place, ils n'avoient pas voulu verser le sang. Soumis en apparence et pleins de respect, ils nous conjuroient de les venger; mais au fond leurs prieres ressembloient à des ordres, et, plus d'une fois, il n'a pas été possible d'y résister (1).

Quelques uns doutoient encore, tant cette forteresse, que l'on avoit déja prise cependant, paroissoit imprenable (2)! mais la boucle de col du gouverneur, offerte par

---

(1) Preces erant, sed quibus contradici non posset.

Tac. l. IV, §. 46.

(2) La Bastille fut construite sous Charles V, en 1370. Hugues Aubriot, prévôt des marchands, en posa la premiere pierre. Elle avoit déja été prise, ou plutôt elle s'étoit rendue, la premiere fois en 1594, la seconde en 1649.

une main sanglante (1), signe trop évident du genre de mort qu'il venoit de subir à quelques pas de nous ; mais l'apararition subite des clefs et du drapeau de la Bastille ; l'apparition d'un jeune homme qui en portoit le *réglement* appendu à la bayonnette de son fusil (2) ; les canoniers sanglants que l'on traînoit à sa suite, et le brave Elie dont les yeux jetoient encore des flammes ; le brave Elie, porté sur les bras des compa-

(1) Celui qui apporta cette boucle la tenoit entre deux doigts, et, la main élevée, la montroit d'un air..... Je ne saurois rendre ces airs-là. Je m'approche, je regarde : — « Prenez, me dit-il, elle est à vous ». Quand je sus ce que c'étoit, baissant les yeux je me retirai modestement en arriere. — « Bon ! s'écria-t-il, le sang lui fait peur ».

(2) Ce jeune homme marchoit à la tête des dépouilles et des prisonniers, avec autant de recueillement que s'il eût porté la banniere dans quelque procession. Je le fis remarquer au marquis de la Salle, qui l'accueillit. Le lendemain il lui donna une patente et un mousqueton : comme c'est aujourd'hui toute la fortune de ce jeune et brave tailleur, nommé Guigon, qu'il me soit permis de le recommander, ainsi que ses compagnons d'armes, aux vrais amis de la révolution.

gnons de sa victoire, couronné de lauriers, entouré de riches dépouilles, dont il dédaignoit et rejetoit l'offrande ; environné de captifs, de trophées, indignes et funestes trophées ! composés de tous les instruments de la tyrannie (1), offrirent la preuve incontestable de ce fait prodigieux.

Le prodige auroit été complet, si les tyrans et leurs victimes avoient pu renaître en ce moment : quel auroit été le ravissement des uns, la honte et la consternation des autres !

Bien d'autres idées nous furent suggérées par cette pompe sauvage et pourtant imposante : mais qui pourroit en saisir l'ensemble, en reproduire l'effet par de simple paroles ?

Figurez-vous, Messieurs, dans l'enceinte où nous étions, l'affluence de quinze-cents hommes pressés par cent mille autres, qui s'efforçoient d'entrer ; de sorte que les boiseries craquoient, que les banquettes se renversoient les unes sur les autres, et que l'enceinte du bureau fut repoussée jusques sur le siege du président.

Figurez-vous cette multitude de soldats novices et armés au hasard ; les uns pres-

(1) Instrumenta regni.
TAC. Ann.

que nuds, les autres revêtus d'habits de diverses couleurs; hors d'eux-mêmes, encore tout bouillans des ardeurs de la mêlée; s'agitant, se tourmentant dans cette salle.... étonnée d'un pareil spectacle! et la plupart ne sachant ni où ils étoient, ni ce qu'ils vouloient. Cependant la tempête étoit finie, mais la vague grondoit encore.

Cette pompe triomphale, ce tumulte et l'ivresse du succès étoient en même temps répétés dans tous les quartiers et dans tous les districts, qui se remplissoient de dépouilles rapportées par le reste des vainqueurs que la foule avoit empêchés d'entrer dans notre salle.

Le peuple, nous a-t-on dit, moins touché du sort des prisonniers que l'on traînoit, que l'on immoloit de temps en temps, que de ce grand spectacle, voyoit couler le sang avec stupeur. Se dissimulant le carnage, il applaudissoit aux dépouilles singulieres promenées sous ses yeux: aux lances, aux casques, à ces vieilles et pesantes armures que nos peres, bien plus robustes que nous, portoient dans les combats.

Pourquoi ne vîmes nous pas, au milieu de nous, paroître Hulin, Arné, la Mandiniere, Lauzier et vingt autres dignes des mêmes palmes? Leurs compagnons les demandoient, les appelloient.

Ils s'étoient, ainsi qu'Elie, chargés de protéger la vie du gouverneur : mais en arrivant à l'hôtel-de-ville Elie fut enlevé, tandis que Hulin, qui se défendoit comme un lion, fut renversé par le peuple sur un tas de pierres, et ses généreux compagnons courrurent à son secours.

Que tous ces braves se consolent de n'avoir pas fait l'impossible : qu'il leur suffise que leurs camarades se disoient à la fin de la séance : personne n'y auroit péri s'ils avoient pu monter.

Quand notre salle fut tellement remplie que l'on ne pouvoit plus guere y pénétrer, la confusion et le bruit y diminuerent assez pour que l'on pût se voir et s'entendre quelque fois. Malgré la foule et le mêlange, on distinguoit à certain point les factions dont les passions irritées par la présence des nouveaux objets, ne tarderent point à se manifester de cent manieres différentes.

Quoique nous ne pussions pas suffire à tout ce qui frappoit nos yeux et nos oreilles, que de sensations néanmoins, et quelle foule de sentiments s'éleverent dans nos ames diversement agitées!

Les uns dans cette multitude, composée de toutes sortes de classes, de toutes sortes d'inclinations et de caracteres ; les uns entonnant, d'un air prophétique, l'hymne de la liberté, se promettoient d'en consacrer la fête : se promettoient d'aller, au point du jour, saluer le soleil à son lever; de lui apprendre qu'il éclairoit, enfin, de lui jurer qu'il n'éclaireroit plus désormais qu'un peuple libre ; et ce touchant hommage, les Syracusains, plus de vingt siecles auparavant, le lui avoient rendu après l'extinction d'une longue et désolante tyrannie (1).

D'autres, qui se croyoient encore à l'assaut ; car ce triomphe de la patrie étoit aussi celui de la fureur : d'autres, crioient : « Point de quartier aux prisonniers; point de quartier à ceux qui ont tiré sur leurs concitoyens ».

Ces cris de joie, ces cris de mort, mêlés et confondus nous ravissoient, nous consternoient en même-temps.

---

(1) Quand Denys le tyran fut chassé de Syracuse, chacun voulut solemniser un si beau jour, et voir le soleil levant éclairer de ses rayons la liberté de la patrie. PLUT. *V. de Dion*, 355 *ans A. J. C.*

A ces clameurs, à ce tumulte, succedoient, par intervalle, un silence et un repos équivoques, qui, tous deux participoient du ressentiment et de la commiseration. En effet, vous eussiez vu les larmes de la pitié, couler sur des faces menaçantes. Vous eussiez vu des hommes éperdus, tremblant sous les poignards, soutenus et rassurés par ceux qui, d'un moment à l'autre, vouloient les immoler.

Nous n'étions pas nous mêmes exempts des plus grands risques, sur tout quand nous voulions les contenir. J'ai su depuis qu'au fond de la salle ils avoient tâché de saisir un honnête homme, dont le sang froid les choquoit, et qu'ils avoient pris pour un électeur (1) : non qu'ils fussent méchans; nous avions appris à les connoître, et nous savions que ce qui les animoit contre nous ne pouvoit pas durer longtemps encore.

On ne savoit où porter ses regards incertains, tant la scene étoit mobile; tant les mouvements, brusques et variés, étoient intéressans ou terribles. Que dirai-je? on

(1) On lui accrocha la tête avec le croissant d'une hallebarde; mais il s'esquiva.

craignoit de rester dans cette salle, non moins dangereuse qu'un champ de bataille: mais, indépendamment de l'honneur, on ne pouvoit pas s'en arracher; soit en vertu des émotions, de celles même que l'on redoute et que l'on recherche néanmoins; soit parceque les heures dévorantes, et qui, d'ailleurs, contenoient les germes des prochaines fermentations, y tenoient lieu de plusieurs années d'expérience. Ce que nous avons vu depuis n'a pas dû nous étonner (1).

Cependant, l'un des canoniers alloit périr. Cent glaives étoient suspendus sur sa tête: il chanceloit, mais ne supplioit pas. L'œil fixe et l'air morne, il attendoit la mort dans un profond silence (2).

L'un des électeurs touché de son sort,

---

(1) Nous éprouvâmes en effet plus d'horreur que de surprise, dans ces jours funebres, où rien ne dédommageoit du sang que l'on nous demandoit, que l'on faisoit couler malgré nous: de sorte que, juges sans autorité comme sans espérances, et témoins de plusieurs meurtres, nous ne ressentîmes que de longues angoisses; *pavor internus occupaverat animos*. TAC. Ann.

(2) Plenus constantis silentii.

TAC. Ann. l. 15, 61.

frappé de sa constance, se leve et veut parler : la voix de Stentor n'auroit pas pu se faire entendre. Il s'agite, il fait des signes et des démonstrations si imposantes qu'on l'écoute.

— « Mes amis, leur dit-il, pour les distraire et rompre leur premier mouvement, est-ce vous qui avez pris la Bastille ? je vous somme de le déclarer au nom de la patrie ».

Cette apostrophe, à pareille heure, leur paroît si singuliere, qu'ils se regardent avec surprise ; puis rompant le silence : « — Qui l'auroit prise sans nous ? » — « Je les reconnois à ce langage ! Pardon, mes chers concitoyens ; vous méritez tous nos respects, et la nation ne l'oubliera jamais ».

Répétant le même geste avec plus d'énergie, et prenant un visage sévere : — « Mais est-ce vous, ajouta-t-il, qui demandez la mort d'un captif désarmé » ? — « La mort ? la mort » ? — « Hé bien vous ne seriez plus que des monstres, que de vils assassins, et qui auroient souillé la plus belle, la plus grande de toutes les révolutions.

On m'entourre, on me presse. J'étouffois, lorsque l'un de ces soldats citoyens qui me serroit le plus m'embrasse, me dégage, en s'écriant : — « Il a de l'humanité ! mais nous, qu'allions-nous faire » ? — « Nous venger, répond un autre : *il a de l'humanité !* Mais s'il venoit d'où nous venons, s'il avoit vu massacrer ses freres, il parleroit, il agiroit comme nous ». Tant il est vrai que souvent la bonté dépend des circonstances, et que les passions, quelles qu'elles soient, ont leurs prétextes et leurs excuses !

L'honneur de sauver l'infortuné dont il s'agit, étoit réservé au marquis de la Salle.

Le moyen qu'il employa va montrer s'il connoissoit le cœur humain, et s'il étoit digne de commander. — « Cet homme, dit-il à ceux qui murmuroient encore, a tiré sur ses freres : il faut un grand exemple !... Suis-je votre commandant » ? On l'applaudit, et l'espoir de la vengeance renaît dans tous les cœurs : — « Eh bien ! je le constitue prisonnier ».

La rage obéit au respect : on délivra le canonier, et l'on eut la prudence de le cacher dans la chambre voisine.

Il survint un incident peu remarqué, parce qu'on étoit distrait par trop d'événements et par des secousses trop fréquentes : d'ailleurs, cet incident, pour le plus grand nombre, n'avoit rien de menaçant; car, excepté les conjurés et quelques personnes assises auprès de celui dont il s'agit, qui que ce soit n'en pouvoit pénétrer le mystere. J'ai tort; je n'avois qu'à me rappeller seulement la séance de notre comité.

Voici le fait : au moment dont nous parlons, et tandis que l'on étoit emporté par le mouvement général, le prévôt des marchands, peu remarqué quand il parut, et bientôt oublié, descend de son siege à mon insu, traverse la foule sans obstacles, du moins apparents, et sort de l'assemblée, pour n'y jamais rentrer.

Ceux qui l'y avoient amené, s'étoient impatientés de ce qu'on n'avoit voulu ni les entendre, ni le juger. — Au Palais-Royal, lui dirent-ils. — Au Palais-Royal ? Soit.

Je ne l'entrevis que de loin, et sans le reconnoître, tandis qu'il se glissoit à travers une forêt de bayonnettes ondoyantes. — « Que signifie ce mouvement? dis-je au soldat qui m'avoit délivré »? — « Ce n'est rien, me répondit-il, c'est Flesselles qui sort; apparamment qu'il s'ennuyoit ici ».

L'imprudent, m'écriai-je! où va-t-il ?Faute de réflexion, je crus cette démarche volontaire. J'ignorois d'ailleurs qu'il fût en ce moment, comme je l'ai su depuis, entre les mains de ceux qui devoient bientôt exercer contre lui la triple fonction de partie, de juge et d'exécuteur.

Quoiqu'il n'ait pas succombé loin de nous, je n'appris son sort qu'à la fin de cette séance, la plus étrange assurément, tant par sa composition que par ses contrastes, et la plus singuliere de toutes celles dont on ait jamais conservé le souvenir.

Nous supprimons plusieurs actes de violence, qui n'ajouteroient rien d'essentiel à ce récit.

Enfin, Messieurs, la scene change, et vous n'avez plus, pour le reste de cette journée, de meurtres à redouter.

L'infatigable Moreau de Saint-Méry, qui présidoit alors sur cette arene, et maintenant assis dans le sanctuaire de la nation, ne donna pas en vain le signal de la miséricorde : Saint-Méry, dont l'ame de feu et le patriotisme le soutinrent si long-temps au milieu de convulsions renaissantes. Quel jour, Messieurs, pour votre illustre collegue, que celui où nous le vîmes, tel que Cicéron aux prises avec Catilina et ses complices, donnant des ordres, posant des gardes, et saisissant d'un coup-d'œil, dans ces moments critiques, toutes les ressources de la capitale.

Bientôt deux anges de paix, deux génies tutélaires, sauverent plusieurs autres victimes déja marquées au sceau de la mort.

Le prince de Montbarrey, prêt à périr aux yeux de son épouse défaillante, doit la vie à ce commandant si respectable, et depuis si maltraité; car le marquis de la Salle, le premier des nobles qui soit entré dans la commune, se dévouant tout entier au salut de la patrie, n'en a guere recueilli que de cuisants chagrins, et la réputation, il est vrai, d'excellent citoyen.

Notre commandant avoit sauvé le canonnier par son intelligence : pour sauver le prince de Montbarrey, il falloit encore joindre à l'énergie de l'ame toute la force du corps.

Le prince, poussé d'un bout de la salle à l'autre, est plié sur le bureau; vingt hommes armés l'y retiennent immobile; vingt autres appuient leurs bayonnettes sur la poitrine du marquis de la Salle, qui lui tendoit les bras. Je vis alors, mais sans pouvoir l'entendre, notre digne commandant parlant tour-

àà-tour à ceux qui retenoient le prince et l'assailloient lui-même.

Cependant on lâche prise, et les bayonnettes sont relevées; ce fut l'effet de la persuasion : mais il falloit autant de force que de présence d'esprit pour enlever à propos le prince de Montbarrey, pour le garantir et lui servir de bouclier. Ce coup de théâtre fit tant d'impression sur le peuple qu'il les applaudit l'un et l'autre, et que toutes les clameurs furent sur le champ converties en acclamations plusieurs fois répétées (1).

De son côté, le brave Elie, du haut de l'espece de tribunal où l'avoient déposé ses compagnons, tendoit la main à ceux qui, du milieu des piques et des bayonnettes, imploroient son secours. Il apperçut des

(1) Le prince de Montbarrey voulut aussi parler et on l'écouta. — « Citoyens, vous vous trompez, car je suis citoyen comme vous; et même j'ai part à la révolution, puisque je suis le pere de celui qui l'a commencée dans la Franche-Comté. Oui, mes amis, je suis le pere du prince de Saint-Maurice ». A ces mots le peuple s'appaise, et le prince profite du premier moment de calme pour rejoindre son épouse.

enfants, employés jusqu'à ce jour au service intérieur de la Bastille : — Grace, grace, dit-il, aux enfants !

Tout le monde en fut si touché, que l'amnistie devint générale.

Elie régnoit en souverain, et continuoit à calmer les esprits. Les cheveux hérissés, le front couvert de sueur ; l'épée qu'il tenoit fièrement, faussée dans trois endroits (1) ; le désordre de ses vêtements froissés et déchirés, relevoient, consacroient, pour ainsi dire, la dignité de sa personne (1, et lui donnoient un air martial qui nous rejetoit dans les temps héroïques (2).

---

(1) MM. les électeurs rassemblés à l'Archevêché pour la lecture de leurs procès-verbaux, arrêterent unanimement, sur la motion de M. le maire, quand il y fut question de M. Elie, qu'il lui seroit remis une autre épée. Il la reçut le 19 mars 1790, au bruit des tambours et de la musique. Ensuite, nous remerciant avec noblesse et simplicité, — « Je m'honore, Messieurs, d'avoir eu dans ma famille des officiers généraux qui tous avoient été soldats de pere en fils; et je me félicite sincèrement aujourd'hui d'avoir commencé de même, etc ».

(2) *Dignitatem ejus* HORRIFICAVERANT. Cette

L'un de nous en fut tellement frappé, qu'il vola dans ses bras : — Camarade, lui dit-il, qui êtes-vous ? — Officier de fortune, et vous en pouvez juger par ce que je viens d'exécuter : mais non, ajouta-t-il, je n'ai pas plus fait qu'un autre, car je dois tout à mon habit, et mes succès, et l'honneur que je reçois (1).

Tous les regards étoient fixés sur lui. . . Je crois l'entendre encore ! — « Citoyens, gardez-vous sur-tout d'ensanglanter les lauriers dont vous venez de ceindre ma tête ; sinon, reprenez vos palmes et vos couronnes :

---

grande expression est de Florus : il dit, en parlant de Marius, que l'exil, les prisons et les fers avoient consacré sa vie, et le rendoient plus vénérable.

Hist. l. III, 22.

(1) M. Elie s'étoit rendu à la Bastille en habit de ville : mais il sentit qu'il seroit peu secondé sous cet habit ; et c'est pourquoi il alla chercher son uniforme d'officier au régiment de la Reine. Cet uniforme servit de point de ralliement, et même il fut cause que le jeune Réoles-Mercier, qui venoit de recevoir furtivement la capitulation, eut le bon sens et la générosité de la remettre à M. Elie.

mais avant d'aller voir tomber les crénaux de la Bastille, car le soleil levant les verra crouler demain (1), que tous ces prisonniers, plus malheureux que coupables, jurent ici d'être fideles à la nation ». Et le serment solemnellement prêté, fut applaudi par toute l'assemblée.

Quel dénouement! Il est digne, on peut le dire aujourd'hui, digne de la nation françoise.

Quand la postérité saura ce qui s'est passé dans cette salle pendant les grands jours de notre insurrection : — Quels spectacles, dira-t-elle, soit en bien, soit en mal, elle offrit à nos peres (2)!

Je ne l'ai pas dissimulé, Messieurs, et je le répete en gémissant; dans le tumulte et la fermentation de tous ces courages égarés par l'impétuosité des premiers mouvements, quelques victimes furent immolées; mais toutes ne furent pas également regret-

---

(1) Ce fut M. Thuriot de la Roziere qui provoqua et publia lui-même la démolition de la Bastille.

(2) Voyez l'épigraphe du discours.

tables (1) : ne l'imputons qu'à l'aveugle fatalité. Notre nation, violente quelquefois, sur-tout quand elle est excitée, ne fut jamais cruelle ni atroce de sang-froid.

J'ai remarqué néanmoins, dans les dernieres catastrophes dont mes devoirs m'avoient rendu le triste spectateur, et c'est ici, Messieurs, qu'il faut voiler la tête d'Agamemnon; j'ai remarqué que, si parmi le peuple, peu de gens alors osoient le crime, plusieurs le vouloient, et que tout le monde le souffroit (2). Ce n'est pas là notre caractere. D'où cela vient-il donc? On en parle diversement; l'avenir nous l'apprendra peut-être. Qu'il suffise que les brigands suscités contre nous, et qui s'intitulent *la nation*, n'en sont pas, et que, par conséquent, les crimes qu'ils commettent ne sauroient lui être imputés.

Pour achever la tâche que nous nous

---

(1) Nec pœna criminis sed ultor displicebat.
Tac. Hist. l. II, 49.

(2) Is habitus animorum fuit, ut pessimum facinus auderent pauci, plures vellent, omnes paterentur.
Tac. hist. l. I, 28.

sommes imposée, il ne nous reste plus qu'à jeter un coup-d'œil, tant sur les premiers effets que sur les suites de cette révolution, vraisemblablement confirmée par la chûte de la Bastille, et sur-tout, Messieurs, par vos sages et sublimes décrets.

TROISIEME PARTIE.

Peut-être, Messieurs, sommes-nous trop près de la révolution pour en bien juger: d'ailleurs tout se forme, rien n'est achevé; et les événements se succedent de jour en jour avec tant de rapidité, qu'il est difficile d'en saisir l'ensemble et les rapports. Ainsi nous nous bornons à tirer les conséquences les plus immédiates, et des loix que vous avez dictées, et des faits dont nous avons été témoins.

Ce que l'on remarque de plus caractéristique dans cette grande révolution, c'est d'avoir, en si peu de temps, rapproché des hommes, dont la plupart, l'un à l'autre étrangers, ne savoient pas seulement qu'ils habitassent la même ville, ni qu'ils eussent une patrie commune: c'est d'avoir transformé des citadins voluptueux, et jusqu'à leurs enfants, élevés dans la frivolité, en citoyens actifs et réfléchis; de leur avoir donné si promptement l'esprit public qui nous manquoit.

Me trompai je ? cet esprit, créateur de toutes les vertus sociales, ne commence-t-il pas à jeter dans leurs ames des semences d'honneur et de bonté qui les mettront bientôt au niveau, si ce n'est au-dessus de ceux qui, du haut de leurs insolents préjugés, ne les regardoient, de temps immémorial, que comme les vils rejetons de races serviles ; et dès lors naturellement incapables, non de s'allier avec eux quand ils devenoient riches, mais de servir à leurs côtés, soit au barreau, soit dans les camps, ou dans nos temples fastueux, et bien plus consacrés à l'orgueil des rangs qu'au culte du vrai Dieu.

Courage, ô mes généreux concitoyens! Tout va bientôt prendre une face nouvelle. Ne formez plus désormais qu'un même vœu, le bien de tous ; et nulle puissance sur la terre ne sauroit s'y opposer. C'est alors qu'il faudra faire preuve, non d'ancêtres, mais de bravoure, mais de talent, et sur-tout de bonnes mœurs : c'est alors qu'il faudra subir, à tous ces égards, la censure de ses égaux, Et qui pourroit s'en plaindre?

Voyez ce qui résulte déja de ce nouvel ordre de choses. On ne vouloit, ci-devant, fréquenter que ce que l'on appelloit *des gens comme il faut*; et, le plus souvent, on vivoit seul ou en fort mauvaise compagnie.

Aujourd'hui, que l'on est contraint de vivre avec tout le monde, les plus arrogants ont déja corrigé leur dictionnaire, et ceux qui ne l'ont pas fait en ont été châtiés.

Renonçant à leurs grands airs, à leurs dédains injurieux, ils sentent enfin, et le sentiront encore mieux quelque jour, que l'esprit et le mérite ne suivent pas toujours les titres ou la fortune. Le Roi s'en apperçut dernièrement, lorsqu'il s'entretint avec quelques soldats nationaux qui avoient l'honneur de garder sa majesté (1).

Il étoit temps d'en appeller : on avoit trop vexé ce peuple honnête et laborieux que l'on osoit, le plus souvent, appeller *populace*; que l'on méprisoit d'autant plus qu'on l'avoit plus appauvri. Que dirai-je néanmoins du zele et de l'enthousiasme

---

(1) Publicus hinc ardescit amor, cum moribus æquis ;
Inclinat populo regale modestia culmen.
CLAUDIAN, *de l'I consulat. Honor. v.* 63.

qu'il fit paroître pendant les grands jours de notre insurrection? Mais je vous ai, Messieurs, suffisamment entretenus de la bravoure de ce peuple magnanime : il montra d'autres vertus plus rares et non moins essentielles, le désintéressement, la probité.

Quant au désintéressement, ce n'est pas vous, Messieurs, qui dédaginerez la réponse d'un jeune ouvrier manquant de tout et sans support. Cet honnête citoyen nous fut amené tout sanglant de la Bastille, et ayant la main gauche éstropiée. Nous enregistrâmes ses blessures; car ce sont leurs titres, Messieurs, auprès de vous. Il ne nous parloit pas du bras droit qu'il portoit en écharpe : — « Ce n'est rien, nous dit-il, ce n'est qu'un coup de feu dans les chairs, mais les doigts remuent; j'entends donc que ce bras ne soit pas dans votre procès-verbal ».

C'étoit un indigent qui parloit ainsi. Et l'on croit que les pauvres sont dénués de vertus! Triste pauvreté, tu dégradois les hommes, tu les exposois, naguere, aux mépris de leurs semblables; de toutes tes rigueurs c'étoit la plus dure, la plus cruelle (1).

---

(1) Nil habet infelix paupertas durius in se,

Quant à la probité, on ne cessoit de la vanter, tandis qu'on la laissoit se morfondre (1). Mais qu'est devenu le butin rapporté de la Bastille et de pluieurs autres maisons royales? que sont devenues les deux cents mille livres enlevées du trésor de la ville, dans un moment d'effervescence (2)? L'or, l'argent, les diamants et les billets encore plus précieux, sont ils restés entre les mains du peuple qui les avoit conquis? Il nous a tout rapporté.

Maître pendant cinq ou six jours de nos fortunes et de nos vies, nous a-t-il fait la moindre violence? maître de cette ingrate et superbe capitale, qui lui doit toute sa splendeur, l'a-t-il pillée? l'a-t-il brûlée? On y marchoit plus sûrement pendant ces nuits orageuses, à travers de longues et lugubres illuminations, que du temps des espions et des satellites de la police arbitraire; et les monuments de l'orgueil anti-patriotique y

---

Quàm quòd ridiculos homines facit.

Juv. *Sat. III*, *v.* 152.

(1) Probitas laudatur, et alget. Juv., *sat.* 1, v. 74.

(2) Dans la matinée du 5 octobre 1790.

sont encore debout sur leurs bases insolentes (1).

Quand il rencontroit l'un de ses électeurs accablé de fatigue et chancelant dans la foule, il le soutenoit, l'escortoit, lui frayoit un passage; c'étoit le triomphe et la récompense des serviteurs de la patrie!

Le fait est que l'on n'a jamais moins vu de crimes dans Paris que dans ces terribles jours où nous étions tous à la merci du peuple.

Respectons le-donc, aimons-le ce peuple naturellement bon, courageux, et dont l'ardeur patriotique fut telle que les mauvais citoyens en furent effrayés; que leurs intentions sinistres furent réduites à l'inaction. Hé! que pouvoient-ils? quand des hommes forts, endurcis par le travail et leurs compagnes, non moins robustes, accourant des ports et des marchés publics, venoient s'offrir à nous pour rétablir l'ordre et résister à l'ennemi commun? On les compte aujourd'hui parmi nos premiers défenseurs: nous

(1) Voyez, dans la Notice, la motion qui fut faite à cet égard au Palais-Royal, le 15 juillet 1789, page 35.

leur en avons décerné de glorieux témoignages (1), et qui serviront désormais à distinguer la noblesse civique de la noblesse vénale, de celle du régime arbitraire.

Les droits de l'homme une fois reconnus, il faudra bien que la calomnie se taise, que les prétentions cessent, que le dédain et le mépris souffrent que l'on rende justice à qui elle appartient. Et c'est alors que l'on n'insultera plus au peuple parisien, vainqueur d'un essaim de tyrans subalternes, et surtout de la Bastille.

Que des bourgeois, faisant la guerre à leurs dépens, se soient, au premier signal, volontairement réunis sous nos drapeaux;

(1) Les charbonniers et les forts de la Halle, ne voulant pas être confondus avec les brigands soldés qui désoloient Paris, vinrent nous offrir leurs services, et nous demander la permission de porter une plaque ou médaille : ils la méritoient; on la leur accorda. Les dames de la Halle, après avoir fait justice de quelques créatures qui, dans les rues, arrachoient aux citoyennes leurs boucles d'oreilles et de souliers, obtinrent la même récompense. *Voyez les procès-verbaux de MM. les représentants de la commune de Paris.*

que des artisans et moins encore, qui n'avoient pas le triste privilege d'être en butte à ces lettres fatales et non moins cruelles que les *lettres sanglantes* de Tibere (1), qui n'avoient pas l'honneur d'être jetés au hasard dans l'une des cent prisons d'état (2);

---

(1) Ce tyran écrivoit à ceux qui lui déplaisoient de se donner la mort; et c'est ce que Tacite appelle des *lettres sanglantes*. On sent qu'il y a une grande conformité entre ces sortes de lettres et les lettres de cachet du régime précédent: mais il y en a encore une autre et très frappante, c'est qu'il se soit trouvé, dans Paris comme à Rome, de braves gens qui aient arrêté le cours de ces *missives*. Le texte porte: *Extitisse tandem viros, qui cruentas epistolas* armis cohiberent.

TAC. *Ann.*

(2) Dans la séance de l'assemblée nationale du lundi 4 janvier 1790, M. Fréteau dit qu'en 1779 il existoit, dans Paris seulement, trente-cinq prisons secretes ou petites bastilles ignorées, qui contenoient plus de prisonniers que les prisons du Châtelet et celles du Palais. Les ministres de la justice, ajouta ce magistrat citoyen, s'efforcerent en vain d'émouvoir les ministres d'un roi dont l'ame fut toujours ouverte à l'humanité comme à la justice.

ou plongés tout vivants dans les cachots de la Bastille, en aient unanimement et sans appât, sans faction, conjuré la ruine. Voilà, j'ose le dire, en dépit des detracteurs, ce qui prouve que l'on tenteroit vainement d'en relever les tours et les murailles renversées : voilà ce qui sanctionne principalement cette révolution si merveilleuse qu'on y pense toujours, même en dormant, et qu'on se réveille en s'écriant : — N'est-ce point un rêve ? Hé bien, cette révolution, c'est au peuple qu'on la doit : mais est-elle achevée ?

Quel bouleversement, me dira-t-on ! que de fortunes détruites ! que d'espérances évanouies, et quel sort l'avenir nous prépare ! La plainte soulage les ames foibles : ceux qui souffrent, ont en quelque sorte le droit de se plaindre ; et même ou ne sauroit disconvenir qu'il ne s'en trouve plusieurs, dans les conjectures actuelles, qui ont besoin de plus de vertus pour supporter la révolution, qu'il n'en a fallu peut-être pour l'opérer.

Plaignons donc, secourons les malheureux, quels qu'ils soient ; car ceux qui nous haïssent n'en sont pas moins nos freres (1).

(1) Quand nous ne les aimerions pas nous-mêmes,

Mais ayons, jusqu'au bout, la force de préférer l'intérêt de la chose publique aux intérêts particuliers.

Que diroit-on d'un pere de famille, qui prodigueroit à quelques uns de ses enfants les mets les plus exquis, et ne jetteroit rarement aux autres que des aliments de rebut ? C'étoit cependant le sort de notre grande famille, celui de la France entiere. Et des lâches osent pleurer, parce que l'on va prendre, en faveur de l'état obéré, et du pauvre mourant de faim, quelque chose sur leur immense superflu (1) ! Sup-

---

ne faudroit-il pas, tôt ou tard et en faveur de la paix, sacrifier nos haines particulieres à l'intérêt public ? *Privata odia publicis utilitatibus remittere.* Tac. Ann.

(1) Les bons exemples cependant ne manquent pas à tous ces hommes qui se lamentent comme des enfants, et dont la plupart n'en resteront pas moins les plus riches de la société. M. le duc de Praslin, dès le 23 octobre 1789, avoit présenté à l'assemblée nationale les dons patriotiques du régiment de Lorraine. Officiers, bas-officiers et même les soldats, s'étoient réunis pour offrir à la patrie un mois de leurs appointements. De pareils sacrifices sont devenus si communs, que ceux même

portons-les ;

supportons-les ; mais gardons-nous de les plaindre.

A les entendre, tout est perdu. — Qu'a-t-on détruit ? Des injustices, de grands abus. — Mais nous voilà dans l'anarchie. — Attendez que l'on ait eu le temps de reconstruire le temple des loix : l'édifice seroit au comble, si les ennemis du bien public ne dégradoient pas souvent dans les ténebres ce qu'on éleve pendant le cours de la journée.

Nous souffrons sans doute : sommes-nous plus à plaindre que les Brabançons nos voisins, dont le sang prodigué en l'honneur de la patrie, coule en vain au moment où je parle ? D'ailleurs, ne voit-on pas que notre révolution s'acheve par des obstacles nécessaires, et qui, vaincus une fois, lui laissent un libre cours et même la secondent ?

Nous avons éprouvé de terribles orages : on devoit s'y attendre; et nous en éprouverons encore, car il s'en faut bien que l'horizon soit nettoyé. Patience, les nuages passeront et le calme reviendra ; nous en avons de sûrs garants.

---

qui les font ne les regardent plus que comme des devoirs.

Grace à vous, Messieurs, grace à notre auguste monarque, nous pouvons tout espérer; car, depuis deux jours, depuis le 4 février (1), on se plaît à croire que le cadavre du despotisme ne sera jamais ressuscité.

J'aime à croire aussi, qu'après avoir brisé le joug qu'avoient porté nos peres, nous ne retomberons jamais dans l'esclavage. Non, jamais : le Roi nous l'a solemnellement promis. Notre monarque est bon, essentiellement bon, puisqu'il a répudié ses courtisans pour adopter le peuple et vivre avec lui : ajoutez qu'il est juste et sincere. Ainsi plus de retour au despotisme.

S'il vouloit renaître un jour? il le voudra sans doute : alors il suffiroit, pour en préserver nos neveux, de leur rappeller pourquoi et comment il fut détruit : il suffiroit de leur ouvrir les archives de cette Bastille,

---

(1) Le roi vint déclarer à l'assemblée nationale *qu'il embrassoit la constitution, qu'il s'en déclaroit le défenseur, etc.* Ce peu de mots forme un grand contrat. Au reste, la touchante simplicité de cette séance, dit M. le comte de Mirabeau, a expié la vaine pompe des lits de justice, dont on frappoit les yeux quand on n'avoit rien à dire au cœur.

qui étoit le chef-lieu et l'entrepôt de plusieurs prisons du même genre; de cette exécrable Bastille, dont le nom, malgré moi, souille toutes mes pages.

Je les ai parcourues, Messieurs, ces archives formidables, et j'ai été tenté plus d'une fois d'accuser la Providence de ce que la terre ne s'étoit pas ouverte pour engloutir ces odieux papiers jusqu'au fond de ses abymes. Mais la Providence, qui a visiblement préparé notre révolution, la vouloit maintenir; et c'est pourquoi elle nous a laissé, dans sa sagesse éternelle, des preuves incontestables de la maniere indigne dont on nous avoit traités.

On saura bientôt à cet égard, et il en transpire déja quelque chose (1), jusqu'où

---

(1) Voyez la Bastille dévoilée, dont les habiles et généreux éditeurs ont déja publié *sept numéros.* J'ai opiné à l'hôtel-de-ville pour que l'on invitât ces bons citoyens à se charger de l'examen et de la publication de l'immense et précieux dépôt que nous avons recueilli et dont nous sommes les gardiens. Les éditeurs dont il s'agit se plaignent de notre négligence; et nous, nous les félicitons de leur zele : mais nous les prions aussi de considérer

l'atrocité ministérielle avoit porté ses attentats. On saura, quand nous aurons fait le dépouillement de ces papiers, que les ministres les plus humains, bientôt dénaturés, devenoient autant d'exécuteurs du pouvoir arbitraire, et ne conservoient leur place qu'à cette condition. Nous en avons vu qui se vantoient d'aimer les hommes, qui promettoient de ne point les proscrire; mais ils étoient jaloux, à quelque prix que ce fût, d'en conserver la puissance (1). Qu'il suffise que l'on a trouvé le nom même de Sully parmi les noms des oppresseurs qui lui ont succédé. J'avoue que plusieurs n'y pouvant plus tenir, ont volontairement abdiqué. Ce n'étoit qu'un malheur de plus; car le glaive homicide, constamment brigué par des ambitieux, tomboit le plus sou-

---

que, depuis la conquête de la Bastille, nous avons continué d'aller au plus pressé. D'ailleurs, livrés tout entiers, depuis plus de dix mois, à la chose publique, comment aurions-nous pu trouver le temps de compulser les papiers de la Bastille?

(1) . . . . Et qui nolunt occidere quemquam,
Posse volunt.

Juv. Sat. X, v. 96.

vent entre les mains de gens dont aucune vertu ne rachetoit les vices.

Que l'on vienne encore nous dire, quand il s'agit de notre insurrection, que l'on devoit s'y prendre plus doucement qu'on ne l'a fait; tandis que tout alloit de maniere à redoubler, à perpétuer la tyrannie. D'ailleurs, le lion et le tigre se laissent-ils impunément arracher une à une les griffes et les dents? Il ne falloit donc pas moins qu'un coup de foudre, pour nous délivrer enfin et de la Bastille et des lettres de cachet.

Indépendamment de toutes ces considérations, d'autres motifs me persuadent encore que les progrès de cette révolution, non moins utile au prince qu'à ses sujets, ne seront pas facilement intervertis (1).

Nous en avons pour garants et la vigilance de toutes les communes de cet empire, qui

---

(1) Cherchez-en la preuve dans les ouvrages de l'abbé de Mably, ce grand et digne professeur de la liberté :

Acer et indomitus, libertatisque magister.

Juv. Sat. II, v. 77.

Voyez à cet égard l'article VI des *Anecdotes et citations*, vers la fin du volume.

ont tant de fois, Messieurs, obtenu vos suffrages, et ces décrets fondamentaux, déja émanés de votre sagesse : l'homme rétabli dans tous ses droits naturels, l'abolition de la féodalité, la responsabilité des ministres, l'unité du régime, opérée par la réunion des ordres et la nouvelle combinaison des provinces : la loi, comme l'air et le soleil, commune à tous, sans égard à l'extraction. De sorte que le vice n'aura plus d'asyle ni de privileges, que la vertu pourra prétendre à tout.

Enfin nous en avons pour garants les acclamations, les confédérations et les serments de la plupart de nos provinces, dont les députations n'ont pas cessé de se succéder, pour vous témoigner de la maniere la plus solemnelle à quel point leurs compatriotes sont reconnoissants de vos bienfaits.

Il reste encore, dit-on, des espérances vagues aux ennemis du bien public, à ceux que nous avons remis à leur place. Se flatteroient-ils de soulever contre nous les princes dans les états desquels ils se sont réfugiés ? Avant de l'oser, ces princes y songeroient peut-être ; une guerre de cabinet et une guerre nationale ne se ressemblent pas.

Nous jugeant par eux-mêmes, on sait que le dernier espoir de ceux dont il s'agit est fondé sur notre inconstance et notre frivolité : ils ne nous croient pas capables d'une assez longue persévérance pour achever ce que nous avons si bien commencé. — « Ces *bourgeois mutinés*, disent-ils, s'ennuieront d'un métier qu'ils ignorent; et trouveront que, pour des *gens de leur sorte*, il est plus sûr et plus commode d'obéir que de commander ».

Quand notre feu viendroit à s'éteindre; quand on profiteroit de notre langueur pour nous remettre sous l'ancien joug, ce ne seroit que pour un temps. Le genre humain se souviendra toujours de l'exemple que nous avons donné : or de pareils exemples ne s'oublient point chez les nations, même les plus avilies ; ils survivent aux mœurs et les rappellent tôt ou tard (1).

Ce qui doit nous rassurer le plus, c'est que le prince lui-même concourt avec nous à la régénération de ce peuple qu'il aime. — « Ah, mon Roi ! comptant aussi sur

---

(1) Diutiùs durant exempla quàm mores.
TAC. Hist. l. IV, §. 42.

notre dévouement et notre amour sincère, fermez donc l'oreille à ceux qui, les yeux mouillés de larmes, affectent de vous plaindre, et ne vous parlent plus que de la dégradation de votre trône, de l'anéantissement de votre puissance et de votre splendeur éclipsée; comme si nous avions déshonoré, ébranlé ce trône, qu'en effet nous avons affermi. Ils ont d'autres pensées, d'autres regrets; et ne pleurent que sur eux-mêmes. Quel monarque, sur la terre, sera plus grand que le Roi des François, devenu, tout-à-coup, sage de toute notre sagesse jointe à la sienne, et fort de toutes nos forces réunies »!

Ainsi les terreurs que l'on voudroit nous inspirer sont dénuées de fondement, les menaces sont vaines, et notre sort n'est plus douteux.

D'ailleurs, vous le savez, Messieurs, et, dans des moments suprêmes, vous l'avez montré à toute la terre par votre résistance et vos serments héroïques (1) : quand la honte de la servitude et la sainte indignation qu'elle inspire, tôt ou tard, se sont emparées

(1) Le serment du *jeu de paume.*

de tous les cœurs ; quand on a vu l'aurore de la liberté, cette premiere et derniere passion des ames généreuses (1) ; quand on en a pressenti les sublimes jouissances, il ne reste plus aux artisans et aux fauteurs du despotisme d'autres ressources que de se cacher ou de fuir.... jusqu'à ce qu'ils se repentent ; jusqu'à ce que la nation, dont ils avoient conjuré la ruine, veuille bien leur permettre de rentrer au sein de la patrie, pour y passer sous le drapeau des loix.

C'en est assez. Je soutiens donc, malgré le désordre et l'espece d'anarchie qui nous ont affligés, qui nous affligent encore ; oui, je soutiens que les circonstances qui accompagnent, qui précedent et suivent la prise de la Bastille, recommençant un nouvel ordre de choses, honorent la France par des qualités nouvelles, et qui lui furent trop long-temps étrangeres, sur-tout sous les regnes abrutissants de quelques princes despotiques.

On peut s'en fier à vous, Messieurs, du soin d'épurer ces qualités naissantes et de

(1) Cupido *libertatis*, quæ novissima exuitur.

TAC. *Ann.*

les confirmer. Elles ont déja produit de grands effets. Nous avions vu, avant la révolution, quelques citoyens fortunés venir au secours de notre société défaillante : mais nous voyons, aujourd'hui, des hommes de toutes les classes et jusqu'aux indigents, verser à l'envi dans nos caisses épuisées de quoi pourvoir aux besoins les plus urgents.

L'essentiel, maintenant, seroit de faire en sorte que tant de passions généreuses se tournassent en habitude ; car c'est-là ce qui constitue les mœurs, sans lesquelles rien de stable dans les empires. Quelle victoire! si nous savions aussi bien triompher de la fausse majesté de l'or (1), que nous avons triomphé de celle du pouvoir arbitraire, qui en est le produit!

---

(1) «Richesses, triomphez, s'écrie Juvénal; et toi qui dernièrement arrivas dans Rome avec les pieds marqués de craie, courage! ne cede point la préséance aux premiers magistrats, puisque ton culte parmi nous, funeste argent, n'en est pas moins le plus auguste et le plus consacré, quoique nous ne t'ayons point encore érigé de temples ni d'autels, ainsi qu'à la paix, la victoire, ainsi qu'à la bonne foi et à la vertu ». Bon Dieu! que le pauvre traduc-

Je finirai, Messieurs, comme j'ai commencé, par les vainqueurs de la Bastille. Ils ne se sont pas quittés depuis le 14 juillet 1789, époque qui mérite, sans doute, d'être fixée, à l'exemple de tant de peuples reconnoissants, par une fête annuelle; et cette fête en appelle une autre, celle de la CONSTITUTION, de la RÉGÉNÉRATION FRANÇOISE,

Qui s'en vont devenir
L'éternel entretien des siecles à venir (1).

Ajoutez, Messieurs, que ces soldats citoyens, depuis leur conquête brillante et non moins salutaire, toujours à vos ordres et prêts à vous défendre, ont veillé jour et

---

teur est loin de son modele! Je vois bien qu'il faut citer le texte :

Vincant divitiæ; sacro nec cedat honori,
Nuper in hanc urbem pedibus qui venerat albis :
Quando quidem inter nos *sanctissima divitiarum*
Majestas; etsi funesta pecunia templo
Nondum habitas, nullas nummorum ereximus aras,
Ut colitur pax atque fides, victoria, virtus.

Juv. Sat. *I*, *v*. 110.

(1) Voyez l'Iphigénie de Racine.

nuit à la sûreté publique; qu'ils ont protégé nos convois et inspecté Montmartre.

Comme cette troupe fameuse, et qui, chez les Thébains, composoit *le bataillon sacré;* comme cette même troupe que l'on appelloit aussi la *troupe des amis*, qui, formant les mêmes vœux, vécurent inséparables, et moururent le même jour à la bataille de Chéronée : ces braves volontaires, fideles à l'alliance fraternelle qu'ils avoient contractée subitement, se sont juré de ne se jamais séparer, afin d'être toujours prêts à voler au secours de leurs compatriotes, afin de maintenir de toutes leurs forces vos sublimes décrets. Aussi la commune de Paris, qui les a comblés de tant d'éloges, leur a-t-elle donné les plus belles espérances; et c'est à vous, Messieurs, à les réaliser : *la couronne murale,* c'est tout ce qu'ils desirent, quoique plusieurs aient aussi mérité la *couronne civique.*

Peres de la patrie, vous qui jouissez déja d'une renommée qui s'accroît de jour en jour, d'heure en heure, et qui en jouissez à tant de titres, puisque les premiers, depuis la fondation de cet empire, vous avez la gloire d'avoir enfin substitué le regne *de la justice et de la raison* à celui *de la faveur et du crédit* (1) ! vous, Messieurs, que la chûte de la Bastille a si bien servis, vous savez, vous sentez mieux que nous ce qu'une nation tell eque la nôtre, telle que vous l'avez créée, doit à de tels patriotes, à des hommes principalement *affamés de gloire ;* car ce mot, ou plutôt ce sentiment, est de Hulin. Ainsi nous espérons que tant de courage et un pareil dévouement seront bientôt célébrés et récompensés d'une maniere digne de vous, Messieurs, et parconséquent de la postérité.

Nous n'avons rien exagéré : vingt tableaux de la Bastille, exécutés depuis le commencement de sa démolition jusqu'à ce jour, nous ont été apportés en leur honneur ; et l'on voit dans l'un de nos temples cette forteresse impie foudroyée par les carreaux du céleste courroux (2).

Ces dignes enfants de la commune de

---

(1) Ut odium et gratiæ desiere, jus valuit.

TAC. *Ann.*

(2) Voyez la Chronique de Paris, année 1790 ; n°. 122.

Paris.... et qui ont sauvé leurs peres, sont, au moment où je parle, célébrés d'un bout de l'Europe à l'autre et par-delà les mers; sont déja chantés, j'en atteste M. Dupont, ce généreux montagnard député de Bigorre (1), sont chantés jusque sur les sommets des Monts Pyrénées.

Nos freres de Saint-Domingue, ravis de leurs exploits, ne nous ont-ils pas envoyé de quoi secourir provisoirement les veuves et les orphelins? Quoique séparés de nous par l'immensité des mers, ces bons patriotes nous font espérer de nouveaux secours, dont je ne vous dissimulerai pas, Messieurs, que le besoin est très urgent.

---

(1) M. Dupont étoit premier consul de la vallée de Barege, en 1784. L'intendant d'Auch le mande, lui fait des injonctions plus que despotiques. Il y répond en ces termes : « Vous abusez de votre place : le jour s'approche où ces vallées me susciteront contre vous et contre vos semblables ». En effet, le même jour et à la même heure où M. Dupont avoit été menacé et privé de sa place par l'intendant, il fit, six ans après, au comité des finances de l'assemblée nationale, le 23 septembre 1790, un rapport tendant à la suppression de MM. les intendants, dont il connoît parfaitement les fonctions.

La fameuse université de Cambridge vient de proposer un prix à ses jeunes poëtes, et *la prise de la Bastille* est le sujet de l'ode qui les occupe maintenant. O si je pouvois remonter le fleuve de la vie et recouvrer le feu de mes premieres années!

Tandis qu'on célebre nos héros et qu'on les chante dans les quatre parties du monde, ne les laissons pas tomber dans l'oubli, au sein même de cette capitale, témoin de leur victoire soudaine et de leur triomphe éclatant! Rappellez-vous, Messieurs, l'un des plus ardents défenseurs de la liberté romaine, ce fameux Marius, assis sur les ruines de Carthage: hé bien! si nous les négligions, ces vrais amis de la liberté françoise, ceux qui ont brisé, chez nous, le grand ressort du despotisme, il ne leur resteroit bientôt plus qu'à gémir sur les débris de la Bastille.

Je parle de gloire et de récompenses: ils forment aujourd'hui d'autres vœux. Jaloux de vous faire un don patriotique, ils voudroient, à l'exemple de leurs compatriotes les plus fortunés, vous apporter aussi, Messieurs, de l'or, de l'argent et des diamants. Mais hélas! que peuvent-ils vous offrir, ces généreux éleves de la Providence et de l'honneur?... Ce qu'ils peuvent offrir! la derniere pierre arrachée des fondements du dernier cachot de la Bastille.

Que fais-je? pardon, Messieurs, pardon d'avoir abusé de votre indulgence! d'ailleurs, conviendroit-il de mettre plus de temps à vous parler de la Bastille, que ces héros n'en ont mis à la prendre?

TABLEAU

TABLEAU

Des vainqueurs de la Bastille, des morts, des blessés, des veuves et des orphelins.

LA Bastille, prise le 14 juillet 1789, environ à cinq heures trois quarts de l'après-midi.

Quelques jours après, la commune de Paris nomma quatre commissaires, MM. Dusaulx, Oudart, Bourdon de la Crosniere et de la Grey, pour constater le nombre des vainqueurs, des blessés, des morts, des veuves et des orphelins.

Le travail fut long et pénible. Ces Messieurs firent d'abord plus de cinq cents procès-verbaux. Ils furent obligés de recommencer plusieurs fois.

Enfin, pour terminer, ils demanderent à la commune deux nouveaux commissaires. MM. Thuriot de la Roziere et Dosmond furent nommés.

Ils choisirent ensuite, parmi les vainqueurs de la Bastille, huit adjoints, pour les aider à reconnoître ceux qui avoient en effet servi convenablement au siege.

Des séances publiques furent tenues en présence de tous les vainqueurs; de sorte que l'on ne peut rien contester à ceux qui ont été reconnus dans ces diverses séances.

Il reste encore plusieurs certificats à vérifier : on y procédera bientôt; et l'on ne rejettera aucun de ceux qui se présenteront avec des preuves suffisantes.

Les vainqueurs de la Bastille adjoints sont : MM. Hulin, Elie, Tournay, Thiryon, Rousselot, Cholat, Aubin Bonne-mer et Maillard.

Il résulte du travail de MM. les représentans de la commune et de MM. les vainqueurs adjoints, que l'on compte de

Morts sur la place, ...	83
Morts des suites de leurs blessures, .	15
Blessés, ...	60
Estropiés, ...	13
Vainqueurs qui n'ont pas été blessés, .	654
Veuves.	19
Orphelins, ...	5
TOTAL, . .	849

CONSIDÉRATIONS MORALES SUR LA REVOLUTION DE 1789.

> Quemquam posse putas mores narrare futuros?
>
> MARTIAL.

LE discours précédent ne pouvoit guere offrir que des vues générales ; j'en vais tenter le développement, et même y suppléer.

§. I.

Du dévouement des électeurs.

NE voir, comme bien des gens, que de l'inquiétude dans notre insurrection, que de l'envie, de la haine et le projet de bouleverser l'état, c'est manquer de bonne foi, ou ne connoître ni les choses ni les hommes. Où en seroit-on, en effet, si l'assemblée nationale, les districts, les électeurs et ceux qui les ont remplacés n'étoient pas venus au secours de la chose publique?

Courbés sous le joug et plus opprimés que jamais, l'étranger nous méprisoit; d'avides courtisans et des concussionnaires impitoyables dévoroient impunément jusqu'à notre substance; et l'infâme banqueroute, suivie de l'affreuse anarchie, alloient être nécessairement les précurseurs de la dissolution du plus bel empire qui soit sous le soleil.

Ce ne fut point un parti de factieux qui tenta cette révolution: le sentiment, l'honneur et la raison l'avoient préparée; elle étoit déja faite dans laplupart des têtes. La nation formant les mêmes vœux, ne s'est armée que pour la défense de l'intérêt commun. Ainsi, quoiqu'en dise une rage impuissante, nous n'avons rien fait dans cette conjoncture que d'honnête, de nécessaire et de parfaitement conforme à la justice imprescriptible de tous les lieux, de tous les temps.

Tandis que tout étoit conjuré contre nous,

a-t-on pu nous reprocher de la violence, de l'ambition ou de la cupidité ? Nous avons sans doute repoussé la force par la force ; mais en épargnant les vaincus autant qu'il étoit en notre puissance. Les honneurs ? nous les avons dédaignés ; l'argent ? que l'on voie à quel prix nous avons servi jour et nuit, dans les moments les plus critiques (1). La nation seroit trop heureuse si les mœurs succédoient à cet enthousiasme.

Des motifs supérieurs à de vils intérêts, et même à la gloire, ont donc inspiré, ont soutenu tant de citoyens dont l'existence étoit à-peu-près ignorée, ou du moins sans influence ; et qui n'attendent aujourd'hui que l'expiration de leurs pouvoirs pour re-

---

(1) On sait aujourd'hui quel fut le désintéressement des électeurs. Cependant, revenant un jour de l'hôtel-de-ville, je rencontrai un homme vertueux et reconnu pour tel : — « Quoi ! vous sortez, me dit-il, de cette caverne de voleurs ? quoi ! vous y allez tous les jours » ! — « Il est vrai, lui répondis-je, et j'avoue de grand cœur que je ne vaux pas mieux que les autres ». Il n'avoit entendu que nos ennemis, et je n'eus pas de peine à le faire revenir de son erreur.

mettre à d'autres les rênes de la municipalité.

Si nous n'avions considéré que nos intérêts particuliers et notre sécurité personnelle, ne pouvions-nous pas, nous mettant à l'écart, continuer la même vie? jouir de nos pensées, de nos amis et de nos fortunes quelles qu'elles fussent, en jouir secrètement et loin des oppresseurs? Nous ne l'avons pas fait, parceque cette lâcheté nous auroit flétris à nos propres yeux, parcequ'elle auroit démenti les principes que plusieurs d'entre nous professoient depuis long-temps.

Quant à ceux de nos concitoyens qui, tenant tout de l'ancien gouvernement, ont, à l'exemple du généreux Bailly, tout risqué, tout abandonné dès le premier coup de tocsin, pour se joindre aux défenseurs de la patrie, ce sont là nos vrais héros; et ils l'emportent autant sur les autres que la vertu l'emporte sur l'innocence.

---

§. II.

Du patriotisme de quelques nobles.

PESONS-LES ces nobles, mais ne les comptons pas : il ne s'agit ici que de ceux qui nous ont si bien secondés. Quoiqu'en petit nombre, leur représentation n'en a pas été moins décisive : aussi les regarde-t-on comme les principaux régénérateurs de la nation françoise.

Quoiqu'élevés au sein des honneurs, des richesses ; quoiqu'ils eussent fréquenté les cours et traversé tous les foyers de corruption, ils n'en ont pas eu moins de sentiment et d'énergie, quand ils ont vu parmi nous l'esprit public éclater de toutes parts. C'est qu'issus de bonnes races, ils n'entendirent jamais, dans la maison paternelle, parler que d'honneur, de liberté, des droits et des devoirs de l'homme social ; c'est que, disciples de l'exemple et des bons préceptes, ils pratiquerent de bonne heure ce qu'on leur avoit enseigné de préférence. Et voilà, dans quelque rang que ce soit, comment on fait des hommes !

Aussi les a-t-on vus, dans l'assemblée nationale, donner le signal de la réunion : aussi a-t-on vu leurs cadets se hâter de monter la garde à côté des plus simples citoyens, et fréquenter nos districts, tandis que des bourgeois nouvellement ennoblis s'en dispensoient, pour n'y pas prendre, disoient-ils, des *brevets de roture.*

Il s'en faut bien que le reste se soit conduit de même. Soyons justes. Devoit-on espérer que les riches et nombreuses cohortes de la noblesse, du clergé, de la robe et de la finance ; que tous ces enfants gâtés renonceroient subitement à leurs vieilles et ridicules prétentions, à leurs privileges exclusifs, à toutes les illusions dont on ne cessoit de les bercer? C'eût été ne pas connoître les principaux mobiles du cœur humain.

Gardons-nous donc d'abuser de notre triomphe : loin de rendre aux nobles, aux riches, et même aux parvenus, dédains pour dédains, tâchons, quand ils seront revenus de leur surprise, de les consoler, de les éclairer sur leurs véritables intérêts : tâchons de leur persuader que la vraie noblesse ne consiste que dans la vertu, et qu'elle est impérissable (1).

Puisqu'il est enfin permis aux citoyens de déclarer ce qu'ils pensent (2), ayons le cou-

(1) ... Nobilitas sola est atque unica virtus.

Juv, *Sat. VIII. v.* 20.

(2) Rarâ temporum felicitate ubi quæ velis et quæ sentias dicere.

Tac. Hist. l. 11, 49.

rage de dire aux nobles : « Nous sommes bien résolus désormais à n'accorder des ancêtres qu'à ceux qui en auront conservé le caractere et l'héroïsme. Un efféminé, un lâche, un faussaire, portassent-t-ils les noms révérés des la Rochefoucauld, des la Fayette, des Clermont-Tonnerre, ou des Lameth, n'appartiendront plus à ces illustres familles à qui nous avons payé, à qui nous payons si volontiers des tributs d'hommages et de respects ».

Disons-leur encore : « Quand les bonnes et généreuses races viendront à se dégrader, nous voulons, sans égard aux ombres de cent aïeux mémorables, que la chaîne politique en soit interrompue ; nous voulons que ces races, interdites et suspendues, dorment dans le néant, qu'elles y croupissent jusqu'à ce que de leur fumier il en renaisse quelque digne rejeton qui les ressuscite ».

---

§. III.

Du sort des plébéiens sous l'ancien régime.

La société s'adoucira, se perfectionnera bientôt quand on aura des égards réciproques et que les conditions seront une fois rapprochées par des loix invariables. Tout le mal ne venoit que de la fausse opinion d'une inégalité originelle, si bien démentie par notre récente insurrection.

Excepté ceux qui se mettoient à l'encan, ceux qui portoient pour ainsi dire sur leur front servile l'étiquette d'*homme à vendre*, on ne savoit pas assez ou l'on se dissimuloit, sous l'ancien régime, et qui ne date pas de loin, à quelles conditions tacites le patricien daignoit accueillir le plébéien et commercer habituellement avec lui.

Celui-ci, quelleque fût sa délicatesse, n'eût-il pas besoin de l'autre, et même lui eût-il rendu des services essentiels, sans compter les égards, les prévenances, n'en étoit pas moins tenu de reconnoître à tous propos combien il se sentoit honoré de semblables faveurs. On alloit jusqu'à croire, tant on étoit insolent de bonne foi, qu'il n'étoit pas assez rustre, quels que fussent ses mœurs et ses talents, pour ignorer son extrême infériorité, uniquement fondée sur la vertu secrete d'un grand nombre d'aïeux, achetés le plus souvent et chèrement payés à des généalogistes.

Qu'il est doux maintenant de n'avoir guere fréquenté que ses égaux ! de n'avoir eu, sous le regne de tant de despotes subalternes, que les sentiments d'un homme libre ; enfin, de n'avoir pas proféré un seul mot, pas écrit une seule ligne que l'on voulût rétracter ou effacer aujourd'hui ! La faveur et ses graces empoisonnées, ne sont pas venu chercher les hommes de ce caractere : mais aussi, dans ce nouvel ordre de choses, le blâme ne sauroit les atteindre ; et c'est parcequ'ils se sont constament respectés qu'on les respectera.

Outre les dédains et certaines politesses non moins humiliantes qu'il falloit endurer, presque tous les moyens de parvenir furent successivement interdits aux utiles et braves plébéiens : ils ne ressembloient plus guere qu'à des Ilotes (1) ; et, sans la révolution, ils en auroient bientôt essuyé l'opprobre. C'est parcequ'on les avoit privés de toutes les dignités, sevrés de tous les honneurs,

---

(1) Les Lacédémoniens, après avoir conquis la ville d'Elos, en traiterent les habitants, appellés *Ilotes* ou *Elotes*, comme on traitoit nos peres sous le régime féodal.

enfin, parcequ'on leur avoit fermé toutes les portes du temple de la patrie, qu'ils les ont à la fin enfoncées.

---

§. IV.

Du sort actuel des plébéiens.

Espérons que le temps et l'impuissance diminueront la hauteur, corrigeront insensiblement l'aigreur et la vanité des humeurs aristocratiques. Que sait-on ? la mode viendra peut-être de se montrer aussi doux, aussi affable, et même citoyen, qu'on étoit superbe, dédaigneux et personnel. Mais nous n'y sommes pas encore, et je compte bien plus sur la nécessité que sur la mode.

Ceux qui présument tout le bien qu'ils desirent, voyant en dernier lieu que les grands, les nobles et les riches avoient subitement changé de ton et de manieres, eurent la simplicité de croire sur ces fausses apparences, uniquement produites par la crainte, que nous n'allions bientôt plus former avec eux qu'un peuple de freres : ils allerent jusqu'à s'en féliciter publiquement. Mais de temps en temps on en rioit, et on les écoutoit de maniere qu'ils apprirent à douter de ce prodige.

Quelque temps après la prise de la Bastille, on parla d'une contre-révolution, secrètement desirée, quoiqu'on n'en convînt pas. Dès lors les mécontents, rassurés et enhardis, furent moins réservés. Les masques tomberent, la rage concentrée éclata de toutes parts. Malheur aux insurgents qui tomboient dans leurs cercles : ils les persifloient et ne leur répondoient qu'en haussant les épaules.

Malheur sur-tout à ceux dont le sort étoit entre leurs mains. Il falloit agir, parler et penser comme eux, sous peine de perdre les uns leurs appointemens, les autres leurs gages. Croira-t-on qu'un roi qui avoit bien d'autres affaires, se soit avisé, des bords de la Baltique, de priver d'une pension de 1800 l. l'un de nos compatriotes, et cela parceque ce brave homme avoit eu l'insolence d'entrer dans notre garde nationale (1)?

Ces divisions entre les patrons et leurs protégés, entre les maîtres et les domestiques, firent et font encore tous les jours

---

(1) Chronique de Paris, année 1790, N°. 137.

bien des infortunés, qui souffrent maintenant, mais en silence, et sans troubler, sans renier la révolution : bien différents de ceux qui pleurent amèrement de ce qu'on a réduit leurs pensions excessives, de ce qu'on a supprimé l'abus des bénéfices, scandaleusement accumulés sur une seule tête.

On a vu des hommes parfaitement honnêtes et pleins de talent, tout-à-coup isolés par ces fatales dissensions. Quelques uns, moins par choix que par circonstance, avoient, en entrant dans le monde, été placés auprès des grands ou des riches dont ils avoient mérité la confiance : ils la perdirent; furent regardés comme des ingrats, comme des traîtres; furent dès lors éconduits de plusieurs autres maisons correspondantes dont ils avoient fait les délices et qu'ils fréquentoient d'ancienne date; et cela pour avoir continué d'être libres, pour avoir franchement déclaré leurs vœux et leurs pensées habituelles.

Quelque tristes que soient toutes ces sortes d'aversions, peut-on les comparer à la scission subite de gens que l'on croyoit honnêtes et qui s'aimoient depuis l'enfance? Remarquez bien que ce n'est pas l'ami de la liberté qui quitte son ami, de quelque parti qu'il soit : non ; c'est le fauteur du despotisme qui n'attend que l'occasion de sacrifier tout à son idole ; son pere, son frere et son meilleur ami. De pareils hommes, intérieurement dévorés par des passions funestes, et viles quelquefois, par l'ambition ou l'avarice, n'étoient pas nés pour la sainte amitié.

Observons en général, que les femmes, sur-tout les parvenues, ont été, dès l'origine de la révolution, bien plus outrageantes, bien plus implacables que leurs nobles époux.

Ces dames indignées, ont, à diverses reprises, redoublé un incendie qui n'est pas prêt à s'éteindre. Elles sentirent que l'on alloit bientôt toucher aux ressorts secrets qu'elles faisoient mouvoir à leur gré : dès-lors la fureur s'en mêla, elles s'animerent, elles enflammerent tout ce qui les approchoit. Laissons-les jouer de leur reste, s'il est vrai qu'elles touchent enfin à l'époque qu'on leur a si souvent prédite, c'est-à-dire de n'avoir plus d'autres ressources que les mœurs.

Cependant cette insociabilité souffrit, même dans les deux sexes, des exceptions d'autant plus remarquables, qu'avec le même orgueil et les mêmes opinions que les autres mécontents, plusieurs continuerent de vivre avec leurs anciens amis, de quelque parti qu'ils fussent, et même les traiterent mieux que de coutume, persuadés que, dans les temps difficiles, les honnêtes gens doivent s'aider réciproquement et se rapprocher sans égard aux opinions. — « Où en est la maladie »? disoit l'un des nôtres à son illustre ami; il s'agissoit entre eux de *l'aristocratie*. — « Fort bien quand je vous vois, et mal en votre absence ». De pareilles amitiés seront inaltérables.

---

§. V.

De ceux qui ont pressenti la révolution.

Quand les sociétés s'alterent et se divisent, quand on ne voit plus d'un côté que des oppresseurs, de l'autre que des opprimés, c'est alors que les esprits s'exaltent, que les uns sement des germes de révolution, que d'autres les regardent pousser, en calculent les progrès, et forment des conjectures dont on ne se lasse point d'admirer la justesse, lorsque le temps vient enfin à produire au grand

grand jour ce qu'il recéloit dans son sein mystérieux.

Ceux qui nous gouvernoient sous le regne précédent, c'est-à-dire les courtisans, les parvenus, leurs maitresses et des valets, entourés de flatteurs et aveuglés par la fumée d'un encens grossier, ne s'appercevoient pas que la nation s'éclairoit, qu'elle notoit les abus, calculoit ses forces, et ne tarderoit pas à réclamer des droits que l'on avoit usurpés avec tant d'impudence.

Les choses en vinrent au point que bien des gens, et les ministres eux-mêmes, présagerent confusément l'insurrection, assez long-temps avant qu'elle se soit opérée. Mais le prince insouciant se contentoit de leur répondre : — Temporisons ; *après moi le déluge*.

Ces ministres dociles retarderent la révolution, que l'on desiroit bien plus qu'on ne l'espéroit ; ils la retarderent, à l'exemple de leurs prédécesseurs, par différents palliatifs, par de nouveaux impôts, de nouveaux emprunts, des loteries, des pensions et surtout des Bastilles.

Qu'arriva-t-il? Dès que la France et le fisc furent absolument épuisés, les Bastilles

M

tomberent, les agents du despotisme se sauverent. Le peuple, qui n'étoit rien, devint tout-à-coup l'arbitre de ceux qui l'avoient tant dédaigné. Puisse-t-il, ce peuple bon, mais variable, ne pas retourner bientôt à ceux qui ne l'ont jamais flatté que pour en abuser ! à ces maîtres superbes, qu'il redoutoit encore plus qu'il ne les idolâtroit !

Quelques hommes de génie, qui, comme les Thémistocle (1), savoient lire dans l'avenir et pressentoient les effets par les causes, les Montesquieu, les Mably, les Rousseau, avoient prévu ce dénouement; à moins qu'on n'aime mieux leur accorder l'honneur de l'avoir préparé, ce que l'on ne sauroit assurément refuser à Mably. Au reste, je ne sache pas qu'aucun d'eux en ait assigné les circonstances avec autant de précision que l'un de nos contemporains.

Ce personnage singulier, et qui a passé long-temps pour un fou sans en être choqué, que l'on recherchoit pour en rire, a fini cependant par rire à son tour, dans l'assem-

---

(1) Thucydides appelle Thémistocle — L'habile et l'heureux *préviseur* des choses futures.

V. Plutar. V. de Thémist.

blée des électeurs, de ceux qui se moquoient de ses prédictions.

L'abbé Pétiot, je garantis la vérité de cette anecdote, depuis dix ans professoit dans Paris la doctrine anti-aristocratique, dont il étoit imbu. Aux grands, il leur disoit naïvement : — « Le temps s'approche où vos pareils seront contraints d'effacer leurs armoiries, de cacher leurs cordons et leurs breloquès » ; au reste de la noblesse antique ou récente : — « Mes amis, le regne des hauts et puissants seigneurs, des comtes, des marquis, des chevaliers, et même de Messieurs les secrétaires du roi tire à fin. Vous en reviendrez tous au point d'où sont partis vos peres, à vos noms de baptême ; et vos sobriquets seront bientôt remplacés par le beau nom de citoyen ».

Comme cet abbé n'en vouloit qu'à la chose et nullement aux personnes, comme il avoit de la grace, de l'esprit, et s'exprimoit sans amertume, on lui passoit tout ; et même sa manie trop extravagante, disoit-on, pour tirer à conséquence, l'avoit mis à la mode.

La plupart des hommes, confinés dans leurs spheres étroites, regardent comme insensé celui dont l'œil perçant voit plus loin que les autres.

Tout s'est passé comme l'a dit l'abbé Pétiot, excepté qu'il est encore permis de porter des cordons ; mais il prétend que l'on n'en donnera plus.

---

§. V I.

Des haines prolongées.

La révolution nous a déja coûté du sang : c'est un miracle néanmoins qu'il n'en ait pas été versé davantage : mais lorsqu'il s'agit de réformer un peuple, de supprimer des abus consacrés par les siecles, ce n'est pas seulement à cet égard qu'il faut considérer et notre situation actuelle et ce qui peut en résulter. L'effusion soudaine du sang humain, quelque déplorable qu'elle soit, quand elle est promptement suivie de la concorde et de la paix, a des conséquences moins tristes que les passions qui nous divisent. Elles s'aigrissent au point que l'on commence à nous parler de guerre civile ; et ce n'est pas sans fondement.

Peut-on envisager de sang-froid tant de haines profondes et fondées sur la privation de ce que les hommes idolâtrent le plus, de ce qu'ils ont coutume d'acheter à quelque prix que ce soit, au prix de l'honneur plus cher que la vie ? haines fondées sur la perte soudaine de la faveur, du crédit, et sur-tout de l'argent, qui procure et maintient les deux autres. Les vertus nécessaires en pareil cas sont trop rares pour y compter.

Ce qui formoit le préjugé de la noblesse, le soutenoit, le propageoit, est absolument détruit par les décrets de l'assemblée nationale (1). Mais ce vieux préjugé vit encore : plusieurs générations s'écouleront avant qu'il soit totalement effacé de la mémoire de tant d'êtres vains, et qui n'avoient pas d'autre existence. En supposant que l'on parvienne à l'extirper, ce sera l'œuvre de la nécessité publique bien plus que de la raison individuelle ; du moins si l'on en juge par l'indignation d'une partie des nobles et par les manœuvres de ceux qui leur appartiennent.

Si la liberté, si l'égalité, pourroit-on leur dire, sont le bien de tous ; n'en jouirez-vous pas comme nous ? Mais s'ils ne veulent que

---

(1) J'entends crier dans les rues que le roi vient de supprimer ses généalogistes.

des jouissances exclusives ? Quant à la faveur et au crédit, vous leur objecteriez en vain le petit nombre de ceux qui en étoient les objets : comme les joueurs qui mettent aux *loteries*, ils croyoient tous que tôt ou tard ils gagneroient *le gros lot.*

Ce qu'on ne sauroit leur contester, c'est que leurs droits chimériques, et que les plus modérés appelloient leurs droits d'aînesse, avoient absolument ruiné leurs malheureux cadets ; et ceux-ci, comme il y avoit lésion d'outre-moitié, en ont enfin appellé au tribunal de la raison jointe à la force (1).

---

§. VII.

Du désespoir de quelques mécontents de la constitution.

QUELLE sera la décision de cette grande cause? on le sait à bien des égards ; quel en sera le dénouement? on l'attend.

Plusieurs parmi les mécontents ne songent qu'aux représailles, et l'on s'en apper-

---

(1) Sub judice lis est.

HORAT.

çoit de temps en temps : on diroit qu'ils vont nous jeter le gantelet. De gros mots ont été dits ; on a menacé du pistolet et même on s'est déja battu. Des gens sensés craignent que de nouveaux Curtius ne se dévouent, non pas comme ce Romain, pour sauver la patrie, mais pour la perdre. Menaces vaines! la constance et le sang-froid viennent à bout de la fureur.

Elle éclate cependant à tous propos. Les uns nous signifient qu'ils ne sont plus de la nation, qu'ils la méprisent, et que, pour n'en plus entendre parler, ils vont, dans l'autre continent, se réfugier au sein de quelques plages désertes, et moins tristes à leurs yeux que la plate confraternité que l'on ose leur offrir.

Les autres, avec moins de folie et non moins d'orgueil, dépérissent et se meurent. — « Nous sommes déchus, disent-ils ; nous sommes dégradés par un mélange impur ». C'est qu'ils croient, par habitude et par une sorte d'instinct traditionnel, que le noble diffère essentiellement du roturier ; que tous deux ne sont pas formés des mêmes élémens ni pétris de la même argille. Mais ce qu'ils ne sauroient encore croire, ils le croiront quelque jour ou du moins leurs enfants.

S'ils n'avoient que de l'emportement, nous aurions le droit de les mépriser à notre tour et de les fuir : mais outre que plusieurs nous ont montré de grandes vertus, ce sont encore nos freres malgré leurs injustes aversions.

Passons-leur donc les ironies, les sarcasmes, les injustices et plus encore; on doit épargner les malades. Ils souffrent, ils regrettent : ne cherchons jusqu'à nouvel ordre ni à les convaincre ni à les persuader. Notre rôle actuel est de tout voir, de tout entendre, de nous taire et d'agir.

Cependant soyons généreux, à peu de frais il est vrai : ne les sevrons pas trop tôt de ces vains titres qui tomberont d'eux-mêmes, et de toutes ces bagatelles qui font le charme de leur vie; car le malheur des grands est en général de n'exister que dans l'opinion d'autrui. Traitons-les comme les Romains traitoient les rois vaincus, ils leur laissoient la pompe et retenoient l'empire (1).

---

(1) Apud quos imperium valet, inania transmittuntur. Tac.

§. VIII.

De leur ton dénigrant.

Nos adversaires s'obstinent encore à ravaler tout ce qui les contrarie : nos intentions, ils les traitent de séditieuses ; nos actions, ils voudroient les faire passer pour autant d'attentats ; et tel d'entre eux a calomnié la nation en exagérant le nombre des meurtres dont nous avons gémi.

Fidele à mes principes, je cherche moins à combattre ceux dont il s'agit qu'à les montrer tels qu'ils sont, afin qu'on s'y accoutume et pour garantir de la surprise. Ainsi, quand vous les rencontrerez, n'allez pas leur parler de la Bastille : depuis qu'elle est prise, ils n'en veulent pas même entendre prononcer le nom ; et cette seule répugnance témoigne assez ce qu'ils pensent de l'entreprise et du succès.

Ils vous diront que l'on a fait trop de bruit pour peu de chose, et que les Parisiens n'ont pris que ce qu'on a bien voulu leur laisser prendre. Il ne falloit donc pas que l'assemblée nationale et la commune de Paris célébrassent cet événement par tant d'éloges, par tant de *Te Deum*, ni que l'époque en fût consacrée : il ne falloit pas tant accueillir les vainqueurs de cette forteresse (1) : mais on a reconnu que, sans eux, jamais la constitution qui s'acheve n'auroit été finie.

Si cette expédition n'avoit été qu'une niaiserie comme ils le disent, jamais notre général ne se seroit avisé d'envoyer à son maître, et maintenant à son égal, l'une des principales clefs de la Bastille (2).

Au reste, cette Bastille est la vraie pierre de touche pour reconnoître au juste et promptement si quelqu'un est favorable ou contraire à la révolution.

---

(1) Depuis le 10 août 1789, où les représentants de la commune nommerent des commissaires pour reconnoître les vainqueurs de la Bastille, jusqu'au 20 octobre de la même année, où ces braves citoyens vinrent nous demander un orateur pour les présenter à l'assemblée nationale, ils ont paru vingt fois au milieu de nous au bruit des acclamations. Nous n'avons pas cessé de nous occuper de leur sort, qui cependant n'est pas encore décidé. *Voyez les procès-verbaux, etc.*

(2) Je tiens ce fait de M. de la Fayette lui-même ; et le général Wassington doit avoir déja reçu ce premier fruit de notre liberté.

§. IX.

De leurs sophismes insidieux.

Les ennemis de notre récente liberté se trahissent sur-tout quand il s'agit des trames et des complots, dont nous avons manqué plus d'une fois d'être les victimes.

Qu'alleguent-ils contre des faits, hélas ! trop évidents ? — « Avec leur comité des recherches, disent-ils, leurs affiches journalieres et leurs inquisiteurs, qu'ont-ils découvert ? Comme eux, nous voyons les délits et nous en convenons ; mais quels sont les moteurs ? où sont les preuves, les témoins ? Ils arrêtent du matin au soir, ajoutent-ils, et ne font juger personne : les braves gens ! les bonnes gens ! Ne seroit-ce point un jeu inventé pour tenir la multitude en haleine et prolonger la révolte ? car on dit que leur commandant les régale tous les jours de deux ou trois conspirations nouvelles ».

Notre général ne nous dit que ce qu'il voit ; et il voit bien. Il n'eut jamais peur, et n'effraie personne : d'ailleurs, toute sa politique est de n'en point avoir, bien persuadé que le chemin le plus droit est aussi le plus court. Laissons-le faire, il arrivera.

Remarquez que les auteurs des précédents sophismes regrettent la Bastille, les chartres privées et les lettres de cachet ; qu'ils permettent aux satellites du despotisme tout ce qui peut le maintenir, et ne sauroient souffrir, quand il s'agit de la liberté, que l'on prenne les moindres précautions pour empêcher qu'elle ne nous soit ravie. Que dis-je? ils nous font un crime de veiller sur le crime.

Que l'on ait ameuté des brigands, payé des incendiaires, soulevé le peuple contre les magistrats provisoires; qu'on ait marqué nos maisons, qu'on nous ait marqués nous-mêmes au sceau de la mort ; « C'est votre affaire, répondent-ils ; punissez les coupables ».

Nous en avons puni quelques uns, et ils en ont fait des martyrs. Quant aux autres, il falloit les connoître, par conséquent les chercher. Cependant ils veulent des exécutions, et l'on sait bien pourquoi. Jusqu'à nouvel ordre, nous n'en voudrons point, nous autres, aux agents subalternes. Les loix s'achevent, chaque chose aura son temps.

---

§. X.

De leurs inconséquences quand il s'agit de nos deux premiers chefs.

D'ABORD ils ont donné de grands éloges au zele de notre maire et de notre commandant-général: — « Sans eux, disoient-ils, nous étions perdus ; sans le marquis de la Fayette que seroit devenue la famille royale pendant la nuit du 5 au 6 octobre 1789 »?

Entendons-nous : ils vantent les deux principaux agents de la révolution ; ces chefs dont le courage, la prudence et le sang-froid nous ont garantis, jusqu'à ce jour, de tant de pieges, de tant de perfidies ; et ne veulent pas avouer les causes secretes dont ils reconnoissent les effets.

Laissons-les dire ; mais veillons toujours, veillons long-temps encore, afin que la révolution se termine avec autant de bonheur qu'elle a commencé.

Veut-on savoir pourquoi tant d'éloges furent prodigués par nos adversaires à Messieurs Bailly et la Fayette? Ils ne les ont loués d'abord que politiquement, et nous ne nous y trompions pas ; soit parcequ'ils ne les croyoient pas encore bien décidés, bien affermis dans le parti qu'ils avoient embrassé ; soit parceque dans les premiers troubles de l'anarchie, ils les regardoient comme leurs protecteurs, et comme étant en quelque sorte les maîtres de leur destinée. Mais depuis qu'ils ont reconnu la sincérité du patriotisme de ces deux excellents citoyens, qu'ils ont vu l'estime et la confiance publique leur donner de jour en jour un nouvel ascendant et couronner leurs travaux ; depuis que, par l'intelligence et l'activité de ces deux chefs parfaitement unis, l'ordre commence à renaître dans Paris, que la garde nationale y protege également les deux partis contraires, la détraction a remplacé les louanges. On a menacé la tête de notre maire et celle de notre commandant. Les politiques ont gardé le silence : maintenant ils les attendent à la prochaine élection ; et nous aussi.

C'est ainsi qu'ils se flattoient et se flattent encore, en paroissant nous mépriser, en nous décriant, en flattant tour à tour et dénigrant nos chefs, de nous diviser, de dissoudre l'assemblée nationale, ou du moins d'en retarder les opérations. Ils ont manqué leur coup. Presque toutes les municipalités correspondent ensemble d'un bout de la France à l'autre ; et cette auguste assemblée n'a point tenu compte de tous ces petits artifices de l'ancien régime, et dont je vais parler sommairement.

---

§. X I.

De l'art de dénaturer les faits, d'étouffer les vertus et les talents.

QUANT au premier article, les procédés en ont toujours été et en seront toujours les mêmes : il ne s'agit, en pareil cas, que d'avoir assez de front pour nier l'évidence, et assez d'esprit, à l'aide des suppositions, pour persuader à ceux qui n'ont pas vu, que ce que toute une ville a vu, a fait ou entendu, est faux ou du moins exagéré : c'est précisément le cas du siege de la Bastille et de notre insurrection. Mais j'en ai dit assez à ces deux égards.

Quant à l'art d'étouffer, dès leur naissance, les vertus et les talents ; cet art, que nous avons vu si long temps en vigueur est beaucoup plus compliqué que l'autre : il exige plus d'attention, d'habitude et de noirceur ; c'est le chef-d'œuvre de la perversité. Quoique nous n'en soyons pas encore totalement délivrés, je doute que, désormais, nous puissions égaler nos maîtres en fait de persiflage et de fausseté.

D'autres usages ne sauroient manquer d'amener un autre ton et d'autres mœurs. Devenus libres, nous serons peut-être moins intrigants et moins jaloux qu'autrefois. Nous pourrions cependant n'être pas à bien des égards meilleurs que nos devanciers ; car il est plus aisé de prendre des citadelles que d'extirper des vices. Mais j'aime à croire que nous n'aurons plus ceux de l'esclavage, et que l'art dont il s'agit va tomber incessamment.

On sait que des coteries trop fameuses donnoient autrefois le ton, qu'elles avoient elles-mêmes reçu de la coterie par excellence, de celle de nos premiers corrupteurs ; de sorte que l'opinion et les mœurs ne dérivoient en derniere analyse que d'un petit nombre de personnes accréditées, et que l'on pouvoit regarder comme les satrapes du vice personifié.

L'esprit

L'esprit public détruira cette sourde tyrannie : l'honneur et la réputation d'un homme ne dépendront plus d'une poignée de gens envieux et dénués de talents honnêtes, qui se mettoient à l'abri de leurs patrons pour lancer impunément sur leurs rivaux des traits empoisonnés, pour servir des haines, seconder des intrigues, enfin pour déplacer et remplacer des ministres, des favorites ou des commis, et même pour faire des évêques, des académiciens, car tout étoit de leur ressort.

Ce seroit un morceau vraiment curieux et non moins philosophique, qu'un traité sur cet art manifestement issu du despotisme, dont il faut arracher jusqu'aux moindres racines, sur l'art infame d'étouffer clandestinement l'honneur et le génie des citoyens modestes, de les faire avorter en naissant, de crainte qu'ils ne s'élevent à leur tour aux honneurs dont on vouloit les écarter.

Ce traité pourroit servir à l'histoire morale de certaines sociétés, et remonter plus haut : mais pour l'exécuter avec succès, il faudroit avoir fréquenté les cercles où se rassembloient, il y a quelques années, avec leurs disciples, ces grands et redoutables professeurs, qui, comme le vieux de la Montagne, tuoient ou faisoient tuer plus sûrement leur homme, par un geste, un silence affecté, ou par quelques mots étouffés et glissés furtivement dans l'oreille de leurs voisins, que par des calomnies hautement proférées. Ce n'est pas que celles-ci ne vinssent quelquefois à leur aide; mais, il en faut convenir, ce n'étoit guere qu'à leur corps défendant; c'est-à-dire dans les grandes occasions et lorsqu'ils s'étoient trop avancés.

Laissant à d'autres ce triste mais important sujet, je reviens à la révolution.

---

§. XII.

Des affections du corps et de l'esprit pendant la révolution, et sur-tout de la crainte.

Le temps, les loix et d'autres mœurs nous rendront peut-être plus honnêtes, plus raisonnables; et l'on sera surpris un jour qu'un si grand changement n'ait pas coûté plus cher.

Quand on songe en effet que ceux même qui ont fait la révolution, n'y perdent pas moins que leurs rivaux; que disje? ils en jouissent sans regrets; quand on songe que, sur dix personnes, on en pourroit compter neuf dans nos villes, et surtout à Paris, qui, sans égard aux sacrifices, se sont volontairement dévouées à ce nouvel ordre de choses; enfin, quand on se rappelle tant d'autres obstacles renaissants et toujours surmontés: on ne sauroit assez admirer un tel prodige, et l'on est tenté de croire que nous marchons à grands pas vers le degré de perfection dont la nature humaine est susceptible. Passons à d'autres considérations.

Quelle a été l'influence de tant d'agitations, de menaces et de terreurs, sur les corps et les esprits de nos concitoyens? Quelques uns disent qu'ils ne se sont jamais mieux portés que pendant la révolution. C'est qu'ils la faisoient; car on n'en pourroit pas dire autant de ceux qui en souffroient.

Un habile médecin a très bien expliqué cette espece de phénomene. On ne sauroit lui contester que l'exercice de toutes nos facultés et que l'activité continuelle qui nous ont ravis à nous-mêmes n'aient été de puissants remedes contre toutes ces affections vaporeuses, contre cette langueur et cette inertie, enfantées par le luxe, la mollesse et toutes sortes de voluptés.

Les impulsions diverses qui nous ont, pour ainsi dire, ressuscités, nous ont encore garantis de la terreur et de l'abattement, qui devoient naturellement résulter du contraste soudain de notre humeur casaniere et de nos timides habitudes avec une situation si extraordinaire et si pressante, que j'ai vu des hommes courageux, et qui, dès l'origine, avoient donné les premiers exemples d'un courage plein d'intrépidité, trembler au souvenir des périls qu'ils avoient affrontés. — « Nous convenons, me disoient-ils, qu'il nous fut alors plus facile d'aller, jour et nuit, remplir de pareils devoirs, qu'il ne le seroit aujourd'hui d'y retourner.

L'effet de ces grandes commotions, quand elles ne bouleversent pas le jugement, est d'en restreindre la sphere, de nous débarrasser de toutes les considérations ultérieures, de toutes les affections inutiles à la circonstance où nous nous trouvons, pour ne fixer nos yeux que sur des ressources momentanées, mais essentielles. C'est ce qui nous arriva dans cette ville bloquée, et qui devoit bientôt être le centre de la plupart des troupes du royaume : c'est ce qui arriva à tous ceux qui avoient bien compris qu'il n'y avoit plus désormais à capituler ; qu'il falloit enfin devenir libres, ou se résigner aux châtiments d'esclaves révoltés, et continuer à croupir dans l'esclavage. Cette épreuve a déja fait des hommes, et nous a guéris de bien des vices.

Tandis que chacun au dedans, au dehors ne songeoit qu'à la défense commune, gardoit son poste ou remplissoit sa tâche, on n'avoit pas le temps de prévoir, de calculer les chances, ni d'envisager sous toutes ses faces la dure extrémité où l'on étoit réduit; et c'est pourquoi la crainte n'avoit pas le temps de naître, ou bien avortoit en naissant.

Nos séances à l'hôtel-de-ville, pendant la journée du 14 juillet, nous en ont déja fourni la preuve. Nous n'y savions pas, à quatre heures du soir, si la Bastille, que nous avions sommée de se rendre, seroit prise avant la nuit. Cinq heures plus tard, nous périssions. Cependant, comme des joueurs acharnés et qui prennent leur *tout*, nous fûmes si peu frappés de cette idée que nous continuâmes à remplir nos fonctions les plus minutieuses.

On dit néanmoins que dans ces formidables conjonctures, et rien n'est plus croyable, on dit que plusieurs citoyens eurent des terreurs paniques (1); que d'autres se donnerent la mort, parcequ'ils la croyoient inévitable et n'avoient pas la force de l'attendre. Quoi qu'il en soit, car ce ne sont-là que de rares exceptions, il n'en est pas moins vrai que les habitants de Paris, méconnus jusqu'à ce jour, n'ont, en général, jamais été meilleurs ni plus sains qu'à cette grande et terrible époque.

---

§. XIII.

De la pitié et des secours accordés aux malheureux.

Que le sentiment de la crainte, me dira-t-on, ait été suspendu par l'enthousiasme et le ravissement naturels en pareil cas, rien

---

(1) Il en fut amené à l'hôtel-de-ville et dans les districts, dont les uns étoient voisins de la folie,

de plus simple; mais le sentiment de la pitié?...... J'entends, et voici ma réponse.

Après nous avoir dit que nous n'étions que des rebelles, on voudroit persuader, parceque nous n'avons pas pu préserver tout le monde, que nous n'avons été que des barbares; nous, à qui les malheureux, quels qu'ils fussent, ont paru sacrés; nous, qui n'avons pas craint d'affronter mille morts pour sauver nos plus implacables ennemis.

Quand des flots de citoyens, dans la soirée du 5 octobre, se déborderent du côté de Versailles, quels furent les sentiments qui entraînerent notre chef accompagné de plusieurs d'entre nous (1), marchant tous à la

les autres, sur-tout parmi les jeunes gens, avoient l'esprit totalement aliéné.

(1) Nous apprîmes de M. de la Grey, qui l'accompagnoit avec deux autres députés, MM. le Fevre et Maillot, qu'après avoir enfin cédé aux citoyens armés qui vouloient absolument aller à Versailles; nous apprîmes que M. de la Fayette avoit dit en route à ces trois députés: — « Si l'un de nous en revient, qu'il ait soin de publier à son retour les motifs qui nous ont décidés; car nous ne marchons aujourd'hui que pour le salut de la France et de la famille royale ».

tête de notre garde nationale ? le ciel le sait. Et lorsque le roi, le lendemain, fit son entrée dans Paris, qui tira de la foule ses gardes désolés et errant à l'aventure ? qui les rassura ? Nous sortîmes de nos rangs, nous les saisîmes ; et les tenant embrassés, ils marcherent avec sécurité jusqu'à l'hôtel-de-ville.

Il s'agit ici spécialement de la pitié. Voyons comment, dans d'autres circonstances, hélas ! trop fameuses, elle fut restreinte et divisée, sans éprouver néanmoins aucune altération réelle.

Je tiens de l'un de mes collegues doué d'une ame aussi forte que sensible, et qui eut la plus grande part à tous ces événements, qu'il ne conçoit pas bien encore la sorte de constance et même d'impassibilité qu'il éprouva de temps en temps dans le cours de ces fonctions si extraordinaires, et telles que nul d'entre nous ne s'y croyoit réservé ; car on se demande encore, à son réveil, si tout ce que l'on a vu n'est point un songe.

« Pendant ce grand jour de la révolution, m'a-t-il dit, pendant ce jour d'enthousiasme et de cris de victoire, mais aussi de sang et de larmes, je n'ai guere quitté l'hôtel-de-ville que pour rétablir l'ordre dans plusieurs endroits, que pour aller, sous le feu de la mousquéterie, sommer la Bastille de se rendre. J'ai souffert sans doute ; mais ce ne sont pas là mes plus rudes épreuves ».

« J'ai vu depuis comparoître les Foulon, les Berthier à notre tribunal ; j'ai entendu demander la tête de ce marquis de la Salle, qui méritoit vingt couronnes civiques. Que d'horreurs se sont successivement offertes à mes regards ! j'en frémis encore ; et je ne saurois retenir mes larmes, quand je me rappelle le sort de ce boulanger innocent dont le vertueux Garan de Coulon ne put pas empêcher le massacre (1) ».

« Cependant, vous le dirai-je ? la répétition de tant de violences, de tant de cruautés, qui, d'un moment à l'autre nous menaçoient et dont nous pouvions devenir les victimes, avoit insensiblement resserré mon cœur, et vous l'avez éprouvé vous-même ; avoit presque tari cette sensibilité nécessaire à notre propre conservation, et dont nous ne pouvons guere accorder que l'excédent à nos semblables ».

---

(1) Voyez le procès-verbal du 20 octobre 1789, n°. XVI.

« Ajoutez, et ceci vous expliquera le problême en question ; ajoutez qu'après les exécutions ou plutôt après les meurtres, on ne cessoit de nous amener, de jour en jour, d'heure en heure, d'autres infortunés dont le sort exigeoit de notre part plutôt des secours que d'inutiles regrets : de sorte que le desir d'empêcher de nouveaux carnages, nous faisoit pour quelque temps oublier le sang que l'on venoit de répandre auprès de nous. C'est ainsi que par intervalle notre sensibilité parut affoiblie, et que nos ames fatiguées perdirent en effet de leur ressort, mais sans avoir été un seul instant dénaturées ».

Non, je l'atteste, nous ne l'avons point violé ce sentiment le plus exquis dont la nature ait doué le genre humain : la pitié, parmi nous, conserva tous ses droits au milieu des factions contraires et parmi les dissensions les plus atroces. Il suffisoit d'être homme pour avoir droit à notre compassion.

J'ai vu ces dignes électeurs, au milieu des bayonnettes agitées, soutenir leurs ennemis chancelants sous de larges blessures. J'ai vu notre commandant général pâlir, fermer les yeux, détourner la tête, et demander à ceux qui lui apportoient des trophées ensanglantés, de ne lui montrer désormais que la victoire, et de lui épargner sur-tout la vue du sang humain (1). J'ai vu notre maire, par une heureuse alliance de patriotisme et d'humanité, servir le peuple et lui résister : je l'ai vu descendre de son siege, s'offrir à ce peuple ardent ; je l'ai entendu lui refuser les têtes qu'il demandoit à grands cris.

Et vous qui couvrîtes de votre corps celui du prince de Montbarrey, bon et généreux marquis de la Salle ! Et vous, ô mon cher Garin de Coulon ! vous que j'ai vu pleurer amèrement de n'être pas tombé mort sur la place ; car vous vouliez mourir avec le citoyen innocent, immolé sous vos yeux.

---

§. XIV.

Des vainqueurs de la Bastille.

On sait quelles furent les suites de la prise de cette forteresse. Mais, après une année

---

(1) Le mercredi 22 juillet 1789, MM. Foulon et Berthier périrent ; le beau pere environ à trois heures après midi, le gendre entre huit et neuf

bientôt révolue, qu'a-t-on fait pour ceux qui l'ont renversée ? quelles en ont été les récompenses ? Des promesses, les honneurs, des *Te Deum*, de vains titres, et quelques lauriers stériles (1).

Cependant les blessés, les veuves, les orphelins, dénués de tout et délaissés, ne savent plus à qui s'adresser : privés de leurs soutiens, ils pleurent sur les lauriers d'un époux ou d'un pere, et maudissent peut-être l'héroïsme patriotique qui les mit au cercueil.

---

heures du soir. Ces deux morts sont affreuses : mais celle de M. Berthier présente des détails si révoltants, que je ne suis pas plus capable de les décrire que M. de la Fayette ne le fut d'en supporter la vue.

(1) L'un des mieux traités, c'est sans contredit M. Hulin, puisqu'il a l'honneur d'être commandant provisoire des volontaires de la Bastille ; aussi ne se plaint-il pas.

Il est bon cependant d'avertir la prochaine municipalité que nous n'avons encore rien fait pour lui ; que cet honneur lui coûte la perte d'un emploi lucratif; lui coûte, en frais nécessaires, et sans qu'il en ait reçu le moindre dédommagement, les trois quarts de sa très médiocre fortune.

Des hommes forts et malheureux se meurent d'espérance : ils se taisent, mais ils souffrent. — « Vous verrez, me disoit l'un d'eux, que nous aurons le sort des meurtriers de Jules-César ; car notre cause et la leur sont à-peu-près les mêmes, puisque de part et d'autre nous n'avons conspiré qu'en faveur de la patrie. On vante aujourd'hui le patriotisme et les Brutus, ajoutoit-il ; mais en général on n'est pas encore bien décidé pour l'un, et les autres on les redoute ».

« Concevez-vous qu'en dernier lieu notre présence dans l'assemblée nationale n'y ait pas fait plus de sensation, et que nous en soyons à-peu-près sortis comme nous y étions entrés ? que dis-je ? les uns en ont frémi par réminiscence ; et les autres . . . . la Bastille étoit prise ; ils n'ont rien dit et continuent à se taire. Qu'importe ! en avons-nous moins fait notre devoir de citoyen ? et quand les autres l'ignoreroient, ne le savons-nous pas ? Pour moi, je le déclare, et du fond de ma conscience : non, rien ne sauroit me dégoûter de la liberté que j'ai conquise ; quel plus beau patrimoine peut-on laisser à ses enfants » !

« Ce n'étoit pas après notre conquête, mais

avant, qu'il falloit aller les trouver, tandis que les glaives étoient suspendus sur leurs têtes et que l'auguste sanctuaire de la nation étoit entouré de satellites : c'étoit alors qu'il falloit leur dire : — Nous prendrons la Bastille, nous chasserons les troupes, les courtisans, les ministres infideles ; nous purgerons le trône de toutes les ordures qui l'entourent : et vous pourrez ensuite, ne consultant que la nature et la raison, nous donner de saintes loix. Le contrat auroit été bientôt signé » !

« Graces néanmoins soient rendues aux dignes peres de la patrie de nous avoir regardés et de nous regarder encore comme assez bons citoyens pour savoir nous passer de récompenses, pour continuer d'être toujours à leurs ordres ! ils y peuvent compter jusqu'à la fin de cette belle constitution que nous avons solemnellement juré de défendre. Ils peuvent, eux et leurs successeurs, compter sur nous et sur les nôtres : mes camarades et moi, nous le jurons sur les décombres de cette odieuse citadelle dont il ne restera bientôt plus de vestiges ».

En qualité de commissaire, je reçus son serment. Que ces braves gens se rassurent :

j'ai lieu de croire qu'ils trouveront enfin d'illustres protecteurs; car la nation ne souffrira jamais qu'on puisse lui reprocher d'avoir été moins reconnoissante que ses anciens despotes.

---

§. XV.

Des récompenses et des honneurs dans les conjonctures actuelles.

De grands coups viennent d'être portés par nos dignes représentants, par nos Hercules Gaulois, à la double cupidité de l'argent et des honneurs, ces deux mobiles éternels du cœur humain, et dont il est plus facile d'abuser que de s'en bien servir.

Parmi les privilégiés de toutes les sortes, courtisans, gens d'église, gens de robe et financiers, les uns, et c'est le petit nombre, à l'exemple des voisins du Vésuve ou de l'Etna, qui savent prendre leur parti quand la lave dévorante a traversé leurs champs, se sont aussi résignés à des privations, il est vrai, nécessaires; d'autres en gémissent et n'y survivront pas; le reste se débat dans son naufrage, et voudroit y entraîner des citoyens qui, souffrant autant qu'eux et n'ayant pas tant de ressources, n'en applaudissent pas moins à la révolution.

Je l'ai déja dit, la plainte et les regrets, en pareil cas, sont pardonnables à des hommes corrompus en naissant par les prestiges de l'aveugle fortune et l'exemple du siecle; à des hommes insensiblement dénaturés, et voués sans retour à la faveur, au crédit, à l'espoir d'acquérir de jour en jour de nouveaux moyens de satisfaire leurs passions exclusives. Pour ceux-là, quelque formidable que soit notre appareil, le charme dure encore, et rien n'en sauroit détruire l'illusion invétérée.

Mais quelle sera, dans la nouvelle carriere qui s'ouvre devant nous, la conduite de ceux qui desiroient la révolution et qui l'ont faite? quels seront désormais leurs vœux habituels? On vouloit être riche, on vouloit être noble. Consentiront-ils à n'être plus que citoyens? le seront-ils de bonne foi?

Moins dépravés que les autres, par le bonheur des circonstances, la contagion cependant ne les avoit pas tous épargnés; et nous en avons vu plusieurs, par politique ou par foiblesse,

foiblesse, conspirer avec nous en faveur du bien public, tandis qu'ils désavouoient secrètement une insurrection qui les privoit de quelques frivoles distinctions, et de jouissances passageres auxquelles ils n'avoient pas le courage de renoncer.

Ce n'est pas assez d'avoir changé la forme de l'état, il faut encore changer de mœurs, sinon l'édifice qui commence à s'élever s'écroulera bientôt. D'ailleurs il seroit honteux que ce qui ne devoit s'exécuter qu'en l'honneur de la justice et de la liberté ne parût nous avoir été suggéré, comme le prétendent nos ennemis, que par l'impulsion d'une basse jalousie et de tous les vices qui l'accompagnent.

Les vrais agents de la révolution n'ont point à craindre de semblables reproches: ils n'ont conquis que pour aimer, et non pour affliger, pour dépouiller leurs freres. Si l'on peut leur objecter quelque chose, c'est, en fait de dévouement et de sacrifices, d'avoir souvent passé le but; car les vertus outrées ne sauroient se transmettre.

On ne sauroit cependant s'empêcher de chérir et d'admirer la pudeur de ces hommes généreux qui nous ont dissimulé leurs besoins les plus urgents, tandis qu'après avoir abandonné des professions utiles, ils servoient gratuitement la commune, et cela jour et nuit, à leurs propres dépens, tandis que s'étant montrés les premiers, ayant risqué leur vie, négligé leurs propres affaires, loin d'en être plus exigeants, ils ont, dans les sessions suivantes, recommencé, avec de nouveaux collegues et sur le pied de la plus parfaite égalité, de longs et pénibles travaux, dont ils n'attendoient pas plus de fruit que des premiers : trop heureux, disoient ils, si nous échappons aux calomnies, dont nous avons plus d'une fois manqué d'être les victimes!

Les municipalités, jusqu'à ce jour, n'ayant été que provisoires, il étoit impossible, dans le trouble et la disette où l'on étoit, de pourvoir à tout ce qu'exigeoient envers les nôtres l'estime et la reconnoissance. Ajoutez qu'il n'auroit pas été prudent d'appliquer les moindres fonds à d'autres usages que ceux de la chose publique: et c'est pourquoi nos collegues les moins fortunés en ont les premiers porté la loi. Mais il est à croire, lorsque ces municipalités auront enfin été fixées et décrétées, qu'elles se respecteront assez pour distinguer ceux qui les serviront fidèlement, pour les traiter et les honorer en proportion de leur mérite.

Il s'éleva dernièrement, à cet égard, diverses opinions dans l'assemblée générale de la commune. — « Point de distinctions, point de salaire, disoient les uns : les électeurs n'en ont point demandé, n'en ont point voulu ; on leur en a offert, ils les ont rejetés; imitons les électeurs ». Les autres n'en accordoient que de mesquins ; « mais plus que suffisans disoient-ils, pour de vrais patriotes » : ils s'appuyoient de maximes si mal assorties à notre position et tellement impraticables, que leurs intentions devinrent suspectes d'une sorte d'aristocratie, et ce n'étoit pas sans raison.

Plusieurs, en effet, remarquoient que si l'on n'accordoit rien ou peu de chose à ceux qui seront obligés de se dévouer tout entiers à nos affaires, il ne faudroit plus choisir des administrateurs que parmi les intrigants soldés par les ennemis de la révolution, ou parmi les riches qui, les supposât-on citoyens aussi chauds que la plupart sont froids, ne forment pas, comme on le sait, la partie la plus éclairée de la nation, ni la mieux famée par son désintéressement.

On observoit encore que cette rigueur anti-patriotique, restreignant l'activité des meilleurs citoyens, ne seroit pas moins nuisible que le décret du marc d'argent, accepté par le roi, mais non ratifié par l'opinion publique.

La discussion se prolongea : « Messieurs, dit l'un de nous, si vous ne donnez rien ou trop peu, vous écarterez nécessairement de l'administration les hommes les plus capables, et, j'ose le dire, les plus integres ; ou si quelques-uns de ceux qui n'ont point de fortune acquise, ont l'imprudence d'accepter des places, vous en exposerez la probité. Ajoutez que si vous ne donnez pas assez d'abord, on donnera trop ensuite. Les principes trop austeres se relâchent d'eux-mêmes, et la rigueur ne mene qu'aux abus ».

« Tout, dans cette circonstance délicate et vraiment politique, dépend donc d'un juste milieu, dont personne n'ait à se plaindre aujourd'hui, et tel que l'on n'ose pas, de long-temps, espérer un meilleur sort ».

« Ce ne sont ni les prudents secours, ni les justes récompenses qui surchargent l'état et le ruinent; ils en sont, au contraire, la sauve-garde et les soutiens. Ce qui perd un état, ce qui l'abyme tôt ou tard, ce sont les dons gratuits et le vice salarié : ce sont les honneurs excessifs où mal dispensés qui débauchent l'imagination de tout un peuple, le détournent du but où nous tendons, et qui n'est plus comme autrefois, d'obtenir de vains honneurs, mais de l'honneur réel, ce qui est bien différent ».

« Permettez-moi, Messieurs, de développer cette derniere idée, et d'y ajouter quelques considérations particulieres : je les crois d'autant plus importantes à cette époque, que l'abus des plus belles et des meilleurs qualités, telles que l'enthousiasme ou la reconnoissance, peuvent entraîner de grands inconvénients ».

« Les statues que vous projetez, les bustes dont cette salle se remplit de jour en jour et les supports qui en attendent d'autres, me donnent, je l'avoue, une secrete inquiétude; et c'est à vous de juger si elle est fondée. A Dieu ne plaise, néanmoins, que j'ose désapprouver les arrêtés unanimes auxquels j'ai moi-même participé (1), et

(1) M. Houdon ne nous demanda qu'un bloc de marbre pour exécuter le buste de M. Necker. *Voyez*

qui ont, en si peu de temps, fait mettre sous vos yeux les vénérables effigies de nos gardiens, de nos sauveurs ; je les aurois apportées, je les aurois, ici, placées moi-même, bien sûr de n'en être pas désavoué par la postérité : mais croyez-vous qu'il nous appartienne d'en prévenir les jugements, d'en usurper les droits »?

« Avons-nous, quand il s'agit de nos contemporains, le droit de commander aux races futures le respect et l'admiration ? Croyez-moi, laissons-leur plus d'exemples et de faits positifs, que de monuments personnels, toujours suspects de faveur, et quelquefois de flatterie. Aussi, combien en a-t-on vu tomber de siecle en siecle, et dont les débris attestent maintenant la vanité des inaugurations précoces (1)!

---

le procès-verbal du mardi 8 *Septembre* 1789, *n°. XXIII.*

(1) Timoléon fit vendre à l'encan les statues des tyrans de Syracuse : elles furent toutes jugées et condamnées à la pluralité des voix comme autant de criminels que l'on auroit cités en justice : il n'y en eut qu'une d'épargnée, et ce fut celle de Gélon.

Plut. *Vie de Timoléon.*

« Convient il, d'ailleurs, que les héros soient si près de leurs statues? S'ils sont modestes, elles les importuneront, elles leur feront baisser les yeux; s'ils se complaisent à les regarder trop fixement, leur propre caractere et la réputation de leurs vertus en souffriront, n'en doutez pas ».

Ces motifs furent sentis et généralement approuvés. Le même représentant conclut en ces termes : « Que nuls travaux honnêtes ne soient donc plus désormais sans récompense; nul vertu sans honneur : mais plus de crédit chez nous, plus de graces corruptrices : que les immortalités viageres et les honneurs prématurés soient à jamais proscrits. L'homme libre est assez décoré par ses vertus, elles le suivent par-tout. Pour les vivants de l'amour et du respect, des éloges et des statues pour les morts ».

---

§. XVI.

De l'enthousiasme patriotique, des cérémonies, des fêtes, etc.

Ceux, parmi les bons citoyens, qui ont le plus souffert de la révolution ne disent pas, comme tant d'autres, que l'on n'y voit que des crimes et du malheur : il faut avoir fermé les yeux, s'être bouché les oreilles, pour ignorer que, dans ces terribles conjonctures, le bien l'emporta sur le mal ; et que jamais les François, sur-tout dans les dernieres classes, ne montrerent plus d'enthousiasme, de caractere et d'énergie. Le trait suivant en est la preuve.

Je tiens d'un citoyen illustré par ses vertus et ses talents utiles, de M. Desault, chirurgien-major de l'Hôtel-Dieu de Paris, qu'il ne conçoit, en fait de constance et de patriotisme, rien au-dessus de ce qu'il vit, de ce qu'il entendit dans la salle où furent transportés les blessés de la Bastille.

« Ils ne ressembloient pas, nous a-t-il dit, à ceux que j'y avois reçus quelque temps auparavant, et qui m'avoient été amenés de la maison de l'honnête Réveillon ; maison que ces brigands avoient indignement pillée et ravagée : ceux-là, je le répete, bien différents des autres, n'avoient l'air que du crime foudroyé ».

« Quant à ceux de la Bastille, ajouta M. Desault, tandis que je pansois leurs profondes blessures, ils demandoient : — Où en sont nos freres? la Bastille est-elle prise » ?

« Plusieurs sont morts avant d'en avoir reçu la nouvelle. Quelques uns, quand elle nous fut apportée, rendirent avec joie le dernier soupir : ils le rendirent les yeux et les mains élevés vers le ciel. Ce n'étoit que du peuple, me dira-t-on : soit, mais un peuple de héros ».

Depuis que nous avons rompu nos fers, il semble qu'une autre race d'hommes ait couvert la France. De nouveaux sentiments s'y sont élevés; une langue nouvelle vient d'y être créée ; et jusqu'aux enfants, tout y a pris une vie, une ame telles que nos voyageurs et des étrangers qui nous avoient déja fréquentés, nous ont à leur retour à peine reconnus.

Quelque temps après la prise de la Bastille, l'un de nos concitoyens revint à Paris ap[illegible] une longue absence. Croyant que l'on y étoit dans la consternation, il ne s'approche qu'en tremblant de cette ville agitée et qui contenoit ses plus tendres affections.

« J'avois, nous dit-il, entendu confusément parler de la révolution; mais je n'y croyois pas. J'apperçus de loin la Bastille démantelée; j'avance, et j'en vois tomber les pierres. Il est donc vrai, me dis-je, qu'on a pris la Bastille » !

« Poursuivant ma route, je regarde, j'examine : la démarche, le costume, tout, jusqu'aux enseignes, étoit changé. De distance en distance, je trouve des monasteres convertis en corps-de-garde, des soldats et des canons où il n'y avoit que des fruitieres et des échopes. Je m'informe, et je commence à croire qu'il y a dans cette affaire plus de réalité que d'illusion ».

« Je rencontre ensuite plusieurs bandes de jeunes gens armés inégalement et vêtus de diverses manieres, qui cependant marchoient en files assez bien alignées. On les désignoit par les actions qu'ils avoient déja faites; et j'admirai le peuple, qui ne les louoit que de leurs belles, que de leurs bonnes actions : puis on les nommoit, on les applaudissoit. Tout cela promettoit et donnoit à penser; mais je n'en avois pas le temps ».

A quatre pas de là, des octogénaires rajeunis et redressés, les uns la hallebarde à la main, les autres la carabine sur l'épaule, montoient la garde au milieu de leurs arrieres-petits-fils, qui les regardoient avec surprise. Je m'arrête : — Qui l'auroit cru, me dirent-ils, que nous aurions le bonheur de mourir libres? — Ah! je le crois aussi, mes amis, et je le souhaite autant que vous ».

« Bientôt je tombe dans une foule bruyante d'où partoient de longs éclats d'un rire aimable et attrayant ; on y trépignoit, on y battoit des mains, et, des fenêtres, on contemploit gaiement un bataillon d'enfants qui défiloit d'un air mutin. Ils marchoient d'un pas inégal, et les plus petits couroient après leurs aînés : comme à Sparte, les meres attendries s'animoient, s'embellissoient en les regardant; et les hommes les plus graves sourioient à des grenadiers de quatre ou cinq ans (1). C'en est fait, m'écriai-je, la révolution est consommée! O ma patrie! chere patrie! tu deviens enfin nation »!

---

(1) Cette ardeur militaire un peu trop précoce, donna de l'inquiétude; et l'assemblée de la commune prit des mesures pour empêcher les désordres

« Le reste de la journée et les jours suivants, je ne cessai pas d'errer de fête en fête, ou plutôt de prodige en prodige ».

« Que signifient ces longues files de jeunes femmes, de jeunes filles en robes blanches, la candeur et la joie sur le front? Où vont-elles, précédées de toutes sortes d'instruments, de fifres, de tambours et de timballes? Sont-ce des Grecques rassemblées pour aller à Délos (1) » ?

« Une jeunesse ardente qui s'enivroit, en marchant à côté d'elles, du plaisir de les voir, leur donnoit la main pour les conduire du maire au commandant général; car elles vouloient aussi, comme leurs époux et leurs freres, rendre hommage aux deux princi-

---

qui commençoient à en résulter. *Voyez son arrêté du* 17 *Août* 1789, *n°. XV*.

(1) Les Grecques alloient solemnellement au temple d'Apollon, situé dans l'isle de Délos, et ces belles processions s'appelloient *Théories*. Quant à nos jeunes citoyennes, elles se rendoient à Sainte Genevie , etc., à travers un peuple turbulent, dont cette pompe tempéroit les passions. *V. le p.-v. du* 7 *Septembre* 1789, *n°. XXII*.

paux chefs de la révolution, dont elles étoient les héroïnes ; avec cette aimable différence néanmoins, que nulle d'entre elles ne les quittoit sans les avoir modestement embrassés, et leurs amants n'en étoient point jaloux ».

« Tour-à-tour je me crus transporté, tantôt au Céramique (1), tantôt au Capitole, et plus souvent encore dans le pays des fées. Sans luxe, et quand l'égalité, la liberté s'en mêlent, on peut donc être grand; on peut, à peu de frais, étaler des spectacles merveilleux ».

« Dans l'un de nos temples j'entendis le premier apôtre de la liberté françoise, l'abbé Fauchet (2), célébrant, comme Platon, les guerriers citoyens qui s'étoient dévoués à la patrie, et qui, le 14 juillet, verserent jusqu'à

---

(1) La sépulture des Athéniens morts pour la patrie étoit dans un lieu appellé *Céramique*, et l'on y prononçoit des oraisons funebres. Après la prise de la Bastille, plusieurs de nos églises devinrent autant de *Céramiques*. *V. le p.-v. du jeudi 6 août* 1789, *N°. VIII.*

(2) Il fit la plus grande sensation. Depuis Saint

la derniere goutte de leur sang sous les murs de la Bastille ».

« Dans un autre temple, à Notre-Dame, je l'entendis encore (1), mais avec d'autres accents. entonnant, comme Tyrthée, l'hymne de la victoire, embrasant tous les cœurs, réchauffant les plus glacés, les cœurs de ceux même que cette pompe humilioit ».

« Cependant il présente aux bénédictions du ciel et de la terre les brillants drapeaux de nos récentes cohortes : le canon l'applaudit en dehors ; dans l'intérieur, l'explosion de mille fusils (2) tirés en même temps se mêle aux acclamations. Oh ! qu'elle fut belle et ravissante cette auguste solemnité » !

« La même église, peu de temps après,

Paul jusqu'à l'abbé Fauchet, nul prédicateur ne choisit un plus beau texte :

Vos enim ad libertatem vocati estis, fratres :
Vous êtes appelés à la liberté, freres.

Ce discours fut prononcé le 5 août 1789, dans l'église paroissiale de Saint Jacques.

(1) Le 27 septembre 1789.

(2) Un prédicateur applaudi à coups de fusils ! c'est ce que l'on n'avoit jamais vu, et qui nous peint à merveille.

offrit une autre fête non moins touchante, non moins sublime, et la plus patriotique de toutes celles que l'on ait jamais célébrées dans le monde ; c'étoit la fête du serment civique ».

« Un orateur, l'abbé Mulot, qui, sous l'habit d'un religieux, receloit l'ame d'un vrai Romain, n'eut pas plutôt commencé, que les drapeaux réunis s'inclinerent (1). Les représentants de la nation, ceux de la commune de Paris, environnés d'un peuple immense, levent tous les mains ; les épées brandissantes sont vivement agitées sur nos têtes ; et le soleil, qui parut en cet instant pour la premiere fois de la journée, dardant ses fleches lumineuses, les embrasa de mille feux étincelants (2) ».

« Cet incident naturel est reçu comme un présage ; et cent mille voix s'écrient : — Nous

---

(1) Le texte de M. l'abbé Mulot, composé de plusieurs expressions tirées de l'écriture sainte, et formant à grands traits le précis historique de la révolution, la présentoit comme l'un de ces événements déja décrété par la sagesse éternelle.

(2) Ce langage poétique n'est que l'expression pure et simple d'un fait dont plusieurs milliers d'hommes furent témoins.

le jurons, nous jurons d'être fideles à la nation, à la loi et au roi ».

« Aussi rapidement propagé que la lumiere, ce serment fut répété dans les districts et dans nos places. Il retentit par toute la France et jusque sur les sommets de nos montagnes. Madrid, Lisbonne et Turin en frémirent; mais Rome se résigna ».

Je ne sache pas d'autre réponse à faire aux calomniateurs de la révolution.

---

§. XVII.

Dernieres considérations, et résultat.

TANDIS que j'écris sur cette révolution, dont le torrent, grossi de jour en jour et devenu plus impétueux, roule toujours, entraînant sur son passage les vains obstacles que lui opposent la rage expirante de l'orgueil humilié, de la cupidité frustrée et de l'hypocrisie si féconde en manœuvres infernales; tandis que je cherche à me rappeller ce que j'ai vu, ce que j'ai senti depuis une année bientôt révolue, des faits toujours plus étonnants s'entassent sur des faits. Je m'arrête: d'autres d'autres finiront ce que j'ai commencé ; ils feront un tableau d'après cette esquisse.

Il ne me reste plus qu'à jeter un coup-d'œil rapide sur la naissance et les progrès de cet incendie dont j'ai vu les premieres étincelles.

Le commencement de cette guerre, presque civile, fut douteux ; le milieu, et c'est où nous en sommes, nous montre la victoire, mais de loin, et ombragée de vapeurs sinistres. Si le nombre néanmoins, si la force et le droit ont coutume de l'emporter, l'avenir ne sauroit manquer de nous être favorable.

N'en soyons pas trop fiers : convenons que nous devons la plus grande partie de nos succès à l'impatience de nos rivaux, à leurs manœuvres aussi absurdes qu'imprudentes ; nous les devons sur-tout à leur aveuglement, à leurs faux calculs.

S'ils avoient su d'abord renoncer à la moitié de ce qu'ils ont perdu, s'ils avoient fait d'aussi grands sacrifices à la paix générale que nous en avons fait pour soutenir la guerre, il s'en faudroit bien, il est vrai, que notre situation fût ce qu'elle est aujourd'hui ; mais leur sort seroit bien différent.

Quoi qu'il en soit, à travers mille embûches et non moins d'hostilités, nous voici bien avancés dans la constitution, dont les principaux décrets sont déja promulgués: mais nos adversaires se flattent toujours qu'ils parviendront à détruire, ne fût-ce qu'à la prochaine législature, les désolantes bases de ce nouveau régime. Ne devoit-on pas s'attendre à toutes les résistances de tant de passions mortellement blessées?

De là, dès l'origine, ces cabales d'intrigants ambitieux, agissant en sens contraire, se détruisant l'un l'autre, et dont il étoit très difficile de pénétrer les intentions, de suivre les marches tortueuses, enfin de connoître les vrais moteurs. Que faisoit-on alors? on les surveilloit en silence. On temporisoit, et le plus souvent on les laissoit faire, pour les prendre dans leurs propres filets, pour recueillir les fruits de leurs audacieuses tentatives. Les devinoit-on, ils cessoient d'être à craindre : venoient-ils à se trahir eux-mêmes, ils nous cédoient la place.

Depuis que leurs trames sont dévoilées et que les chefs ont pris la fuite, quand ils appelleroient le ciel et l'enfer à leur aide, ils ne sauroient plus, si nous ne changeons pas nous-mêmes, changer le cours de nos destinées. Le plus fort est fait, puisque nous avons déja repoussé la guerre et la famine : avec de la patience et du courage, nous acheverons le reste, dussent-ils susciter contre nous quelques princes trop complaisants, quelques despotes jaloux du grand exemple que nous donnons à l'univers.

Excepté les conciliabules où se fabriquent des adresses et des protestations dirigées contre les décrets de l'assemblée nationale, excepté le numéraire dont les malveillants cherchent à prolonger la rareté, on n'ose plus guere, du moins à Paris, nous attaquer que par des menaces de contre-révolution à jour fixe, que par d'impuissantes calomnies consignées tous les jours dans vingt libelles de commande, et qui font les délices, qui sont les seules consolations de nos superbes et malheureux antagonistes.

Nous atteindrons le but, s'ils n'ont pas d'autres ressources : mais je le répete à bon escient, et le répéterois pendant un siecle, VEILLONS TOUJOURS.

Je finissois lorsqu'un courier est arrivé de Montauban... Les malheureux! ils viennent d'égorger leurs freres pour retenir des richesses usurpées et qui appartiennent incontestablement à la nation : ils les ont égorgés au nom de ce dieu de paix, qui leur a sur-tout recommandé le mépris des richesses. Les monstres ! les impies ! Que dire? que faire?... Plus de sang, mais enchaînons ces tigres.

ANECDOTES

ET

CITATIONS,

Pour tenir lieu de notes.

On n'a point mis de renvois aux pages, parceque les différents articles qui terminent ce volume peuvent être lus séparément.

---

§. I.

De la Bastille.

Nunc de factis levioribus.
Juv.

Si quelqu'un étoit tenté de taxer d'exagération ce que j'en ai déjà dit, je le prie de lire *la Bastille dévoilée*, ouvrage composé d'après des pieces originales, et dont je ne présenterai que les principaux résultats.

Tels sont les motifs ou prétextes d'emprisonnement, trouvés sur les registres et dans les autres papiers, la date en marge : — Il a l'esprit dérangé. — C'est un fou mélancolique. — Il prétend être le prophete Enoch, etc.

Mais voici qui devient plus sérieux : — Ont été renfermés, toujours avec la date, les nommés Richard, pour recherche de trésors ; — François Davant, pour fait de *quiétisme* ; — Marie-Jeanne le Lievre, pour être tombée d'épilepsie au milieu de la rue ; — Roland, parcequ'il vouloit se donner au diable, etc.

Quant à Jacques Mercier, il avoit été mis aux fers pour un fait très-grave : cet impie avoit débité une estampe représentant le pape lardé d'une douzaine de jésuites.

L'abbé Dourdan éprouva le même sort ; et il le méritoit bien, puisqu'il s'étoit permis de dire, et cela dans la chaire de vérité, que le roi étoit bon, mais que les ministres n'étoient que des f**** gueux.

Voici un incident très simple, très naturel, et qui cependant embarrassa fort le conseil de la Bastille ; conseil tyrannique, et par conséquent d'une défiance pusillanime.

On avoit trouvé, dans les papiers d'un pauvre prisonnier nommé Prot, une lettre de la veuve Boivin, qui finissoit par ces mots : — « Je vous prie de m'envoyer ce que vous savez bien ; on attend après ».

Messieurs du conseil crurent avoir trouvé dans ces paroles mystérieuses, la clef d'un secret important. — *Ce que vous savez bien, . . . on attend après :* que de choses là dedans pour des inquisiteurs !

Après bien des perquisitions, on sut enfin que ce n'étoit qu'un petit *pot de graisse* provenant de la cuisine du sieur Richeville, où le nommé Prot, son domestique, l'avoit pris pour en gratifier la dame Boivin, sa voisine et son ancienne amie. Faute, hélas ! bien pardonnable, si l'enfer savoit pardonner (1).

On sait que la Bastille, et toutes les autres Bastilles subalternes, étoient les sauvegardes des grands criminels, des voleurs, des assassins, des empoisonneurs de qualité, et que les débiteurs accrédités avoient le privilege d'y faire renfermer leurs créanciers. D'ailleurs, nul respect pour le sexe, pour l'âge, ou pour la parenté : on y a vu

(1) Ignoscenda quidem, scirent si ignoscere manes.
VIRG.

une fille de sept ans à côté d'un vieillard de cent onze, et un gouverneur acharné contre son beau-frere.

Il est avéré que l'on y a donné la question ordinaire et extraordinaire. Les cadavres découverts depuis peu témoignent assez que l'on y exécutoit secrètement : mais attendons que la démolition en soit achevée; attendons que l'on y ait ramassé assez d'ossemens pour en faire un corps de preuves.

Jetons un coup-d'œil sur la froide insolence et la dureté des premiers inspecteurs de cette forteresse.

Le sieur Pizonni demandoit à écrire au lieutenant de police; ce que l'on n'obtenoit pas facilement. Il écrivit, et sollicita la grace de se faire raser. On a trouvé sur la marge de sa lettre, en style laconique : — Je veux bien qu'on le rase et qu'il m'écrive. *Ce 3 juin 1756.*

Celui-là du moins répondoit : mais voici un billet lamentable et resté sans réponse; il est daté du 7 octobre 1752. — « Si, pour ma consolation, monseigneur vouloit m'accorder, au nom de la sainte Trinité, la grace que je puisse recevoir des nouvelles de ma chere femme, *seulement son nom sur une carte*, pour me faire voir qu'elle est encore au monde, ce seroit la plus grande consolation que je pusse jamais recevoir ; et je bénirois à jamais la grandeur de Monseigneur. — *Non répondu.*

Ce billet m'a empêché de dormir pendant deux nuits.

Pour traiter à fond ce sujet, attendons, je le répete, que les représentants de la municipalité aient eu le temps de faire exploiter l'affreuse et virulente mine dont ils ont l'inspection.

Et nos peres ont enduré cette sourde tyrannie ! Mais nous et nos neveux ne l'oublions jamais.

---

§. II.

De la démolition de la Bastille.

Les ministres ont manqué de prévoyance, ils ont oublié de manger les os.

Le comte de MIRABEAU.

Au commencement de mai 1790, j'allai avec M. Souberbielle (1) pour voir où en

---

(1) Chirurgien major des volontaires de la Bastille.

étoit la démolition de la Bastille. Ce *château royal* étoit rasé jusqu'aux cachots.

On nous indiqua une terre grise extraite de latrines seches que l'on avoit vidées, et l'on nous y fit remarquer une grande quantité d'ossements, la plupart brisés ou en dissolution : mais, en cherchant, nous y trouvâmes un *tibia*, assez bien conservé. . . . . Des ossemens humains dans des latrines !

De là, nous marchâmes vers le bastion, dont la surface convexe ne présentoit auparavant que des jasmins, des roses et des arbustes ; c'étoit la promenade du gouverneur, qui l'avoit volée aux prisonniers. Quand on songe que sous les fleurs et les bosquets étoient cachés les antres de la mort !

La démolition de ce bastion étoit déja assez avancée pour que nous pussions distinguer à travers les larges entailles que l'on y avoit faites, de longs corridors, des escalliers dont les voûtes inclinées circuloient, montoient et descendoient dans cette horrible ruche de cachots, dont personne n'avoit encore soupçonné l'existence.

Le district de Saint-Louis-de-la-Culture vient de la constater d'une maniere authentique; et c'est pourquoi nous en allons citer le procès-verbal (1).

« Nous sommes descendus à travers les démolitions, où nous avons trouvé un escalier doublé en pierre de liais, dont chaque branche étoit large d'environ quatre pieds; mais ces branches étoient rompues en plusieurs endroits et répondoient à différents caveaux ».

« Au bas de cet escalier, nous avons d'abord remarqué un cadavre autour duquel des ouvriers travailloient à la fouille, qui s'opéroit avec beaucoup de précaution. La tête de ce cadavre, plus élevée que le reste du corps, qui étoit un peu incliné, portoit sur le massif de cet escalier, au bas de la derniere marche ».

« Le tout étoit environné d'une légere bâtisse en pierres de différents morceaux, d'environ deux pouces d'épaisseur sur une largeur d'à-peu-près neuf pouces, et posées de champ ».

---

(1) Lu dans l'assemblée des représentants de la commune de Paris, à la séance du 14 mai 1790.

« A en juger par les ossements, ce cadavre paroissoit être celui d'un homme de cinq pieds huit pouces de hauteur. Nous apperçûmes des traces de chaux, et nous ne fûmes pas surpris que les chaires et les cartilages fussent consommés. Les os étoient assez bien conservés. On voyoit encore des cheveux au-dessus de la tempe gauche. Les dents très saines et solidement fixées dans leurs alvéoles indiquoient un homme de trente à quarante ans, et pourroient faire croire que ce cadavre n'étoit pas fort ancien; mais nous ne donnons cette présomption que comme une simple conjecture ».

« Sous le flanc droit, à la chûte des reins, s'est trouvé un boulet de canon du poids de cinquante-six livres, enveloppé d'une croûte fort épaisse, formée, sans doute, par l'humidité des corps ambiants. Il est à croire que ce boulet ne s'est point trouvé là fortuitement, et qu'il y a été mis pour indiquer la personne qui a fini ses jours, de quelque maniere que ce soit, dans ces affreux cachots. Peut-être que la suite des travaux ou d'autres indices nous révéleront ce mystere ».

« Tous ces ossements ont été transportés

sur une planche dans un caveau, où il y avoit déja un autre cadavre découvert le vendredi-saint, et qui paroît être de même date à-peu-près que celui dont il s'agit. Il reposoit sur les marches du même escalier, la tête en bas ».

« Ce second cadavre étoit tourné en sens contraire à l'autre. Il étoit éloigné du premier environ d'un pied et demi, mais un peu plus élevé. Des pierres en forme de cercueil ne l'entouroient pas comme le premier; mais il étoit adossé au mur du caveau, du côté du couchant, et placé sur le flanc droit ».

« Les ossements n'en étoient pas bien conservés, à cause des éboulements et de la pluie qui a suspendu le travail. Les dents étoient encore entieres et fermes dans leurs alvéoles. On pourroit croire que ce cadavre est antérieur au premier; et à en juger par les ossements, il n'annonce guere qu'une taille d'environ cinq pieds trois pouces, etc. etc ».

La lecture de ce procès-verbal fit une vive impression sur toute l'assemblée; et M. l'abbé Fauchet, notre président, y répondit en ces termes : — « Le procès-verbal, Messieurs, que vous remettez dans les archives de la commune constate que les cadavres appartiennent au despotisme, et que c'est lui qui les avoit scellés dans les murs de ces cachots, qu'il croyoit éternellement impénétrables à la lumiere. Le jour de la révélation est arrivé; les os se sont levés à la voix de la liberté françoise; ils déposent contre les siecles de l'oppression et de la mort, prophétisent la régénération de la nature humaine et la vie des nations, etc. etc. ».

Ces cadavres furent inhumés peu de temps après; et voici ce qu'en dit la Chronique de Paris (1) : « Les corps trouvés dans l'un des cachots dépendants de la Bastille ont été, le premier juin 1790, déposés dans le cimetiere Saint-Paul. La cérémonie funebre a été accompagnée de toute la pompe possible : le cercueil étoit porté par douze ouvriers employés à la démolition de cette forteresse; ceux qui avoient déterré les cadavres tenoient le poële, armés de leurs outil, d'où pendoient des écriteaux portant ces mots, *Tremblez, ennemis du bien public!* sur le cercueil étoient la chaîne et le boulet trouvés près de l'une de ces victimes. Le président, le corps des citoyens du district de la Culture

(1) Année 1790, n° 159.

et le bataillon du même district ont assisté à ces funérailles ».

Quicquid sub terrâ est in apricum proferet ætas;
Defodiet condetque nitentia.

HORAT. Epist. L. 1. Epist. 6, v. 24.

---

§. III.

Récit de la conduite de M. THURIOT DE LA ROSIERE *pendant sa députation à la Bastille.*

ON jugera si cet important récit méritoit d'être conservé. Il fut publié peu de temps après la prise de la Bastille, et jette, si je ne me trompe, un grand jour sur cet événement. Pour moi, je suis persuadé que l'apparition de M. Thuriot de la Rosiere dans l'intérieur de cette forteresse, que ses harangues aux soldats, que sa fermeté auprès du gouverneur, y disposerent les esprits à la prompte capitulation que nous avons obtenue. Si la résistance n'y a pas été telle qu'elle pouvoit l'être, il est vraisemblable que nous en avons l'obligation à ce brave électeur, et que, par conséquent, un grand nombre de ses concitoyens lui doivent aujourd'hui et la vie et les palmes qui les attendent.

RÉCIT, etc.

« Le mardi 14 juillet 1789, sur le midi, on vient annoncer au district de Saint-Louis de la Culture que la direction des canons placés sur les tours de la Bastille jette l'alarme dans toute la capitale.

« On assure en même temps que le siege en est décidé, et qu'il ne tardera pas à être commencé.

« M. Thuriot de la Rosiere, l'un des membres du comité de ce district, et qui en étoit le premier électeur, député depuis à l'assemblée des représentants de la commune, se leve et observe qu'un grand nombre de citoyens peuvent être les victimes d'une pareille entreprise. Il demande qu'il soit fait sur-le-champ une députation au gouverneur pour le sommer de faire changer la direction des canons et de se rendre sans délai.

« Son avis parut sage et prudent.

« On l'invite à se charger lui-même de cette commission. Il l'accepte, et part accompagné de deux soldats citoyens.

« Le peuple commençoit à se rassembler autour

autour de la Bastille; mais le passage étoit encore libre. Parvenu avec ses deux fusiliers jusqu'au pont levis, il les engage à ne pas quitter ce poste; il frappe, il entre.

« Un invalide l'ayant conduit auprès du gouverneur, il y trouva M. Belon, officier de l'arquebuse, lequel, après avoir rempli sa mission, se retira.

« Ce fut alors qu'il somma M. de Launay de faire changer la direction des canons et de se rendre.

« La réponse fut équivoque : mais elle ne le rebuta pas, et il voulut passer dans la seconde cour; ce qu'il n'obtint qu'avec beaucoup de peine.

« Cependant le grand pont-levis qui communiquoit à cette cour étoit levé; mais le petit pont ne l'étoit pas. Il le traverse avec le gouverneur, et la grille de fer s'ouvre devant eux.

« Trois canons dirigés contre les assiégeants étoient prêts à balayer la cour. Environ trente-six petits Suisses étoient sous les armes et attendoient l'attaque : joignez-y douze ou treize invalides commandés par quatre officiers, deux canonniers et les officiers de l'état-major.

« Quoique seul dans cette dernière et formidable enceinte, M. de la Roziere les somme tous de changer la direction des canons et de se rendre : cette sommation, il la fait au nom de l'honneur, au nom d'un peuple souverain.

« Le gouverneur engage tous les officiers, tous les soldats, à jurer qu'ils ne tireroient pas les premiers, et il le jure lui-même.

« Cela ne suffisoit pas à M. de la Roziere ; il veut monter sur les tours, y visiter les canons, se promettant bien qu'après en être descendu il trouvera la garnison prête à remplir ses devoirs de citoyen.

« Le gouverneur résiste : les officiers le pressent ; il se rend et suit M. de la Roziere.

« Parvenus au sommet de la tour qui domine l'arsenal, ils découvrent un peuple immense accourant de toutes parts et le fauxbourg Saint-Antoine qui s'avançoit en masse.

« Le gouverneur en pâlit. Saisissant M. de la Roziere par le bras : — Que faites-vous, monsieur? Vous abusez d'un titre sacré pour me trahir. — Et vous, monsieur, si vous continuez sur le même ton, je vous déclare que l'un de nous va bientôt tomber dans ce fossé. De Launay se tut.

« Alors la sentinelle qui étoit avec eux sur cette même tour vint leur dire que l'on se préparoit à attaquer le gouvernement, qu'il n'y avoit point de temps à perdre; et il conjura M. de la Roziere de se montrer. Ce député s'avance sur le rebord, et de nombreux applaudissements partent du jardin de l'arsenal.

« Ensuite il jette un coup-d'œil sur les canons : on les avoit retiré des embrasures, et ils en étoient environ à quatre pieds; mais on les avoit laissés en direction, et il remarqua qu'on les avoit masqués.

« Descendu de la tour avec le gouverneur, il le presse de nouveau, lui et ses soldats, d'obéir à la nécessité : — « Mieux encore, leur dit-il, obéissez aux ordres de la patrie, dont je suis l'organe.

« Les soldats cédoient : mais leur chef, éperdu de ce qu'il venoit de voir et d'entendre, tantôt les retenoit, et tantôt hésitoit. M. de la Roziere, pour ne pas perdre un temps si précieux, prit le parti de se retirer, d'abord vers son district, ensuite à l'hôtel-de-ville.

« Quelques soldats citoyens, ignorant sa mission ou le prenant pour un traître, le suivirent la hache haute et toujours prêts à le frapper : il auroit été massacré par les nôtres sans MM. Aubin Bonne-mer (1), les deux freres Fossard et vingt autres soldats citoyens ».

---

§. IV.

De la situation de M. le marquis DE LA SALLE *le 6 août* 1789.

Le marquis de la Salle, que nous avons vu se montrer d'une maniere si intéressante dès le commencement de la révolution, éprouva cependant, bientôt après, l'une de ces disgraces dont la prudence ne sauroit garantir les plus sages dans les temps de troubles et de défiance.

Le procès de cet honnête et brave commandant fut long et compliqué : mais aujourd'hui que l'innocence de M. de la Salle est avérée, ce procès se réduit à peu de termes.

---

(1) Le même qui, dans cette journée, sauva deux fois Mademoiselle de Monsigny ; qui ne fit que de bonnes, que de grandes actions : homme fort et courageux ; mais doux, sensible, et devant à la seule nature son heureux caractere.

Ses malheurs, car il en éprouva de réels, vinrent d'une fatale prévention. Il s'agissoit de dégager le magasin de l'arsenal d'une poudre imparfaite et grossiere, dite *poudre de traite*, pour la remplacer par une pareille quantité de *poudre de guerre*. M. le marquis de la Salle, qui suppléoit à M. le marquis de la Fayette, signa un ordre pour que cette poudre inutile et embarrassante fût promptement transportée à Essone : on devoit en rapporter d'une qualité supérieure et en même quantité.

Des soldats citoyens escortent le bateau chargé de cette poudre ; mais, le 5 août 1789, il fut arrêté par les habitants du port Saint-Paul.

Toujours préoccupés des mêmes préventions, et dont nous avions manqué nous-mêmes d'être les victimes, ils se figuroient que ce transport ne pouvoit être que l'effet d'une perfidie ou d'un complot.

Ce grand procès commença avec une violence telle que, le lendemain, à six heures du soir, plus de quatre-vingt mille hommes rassemblés autour de l'hôtel-de-ville demandoient la tête de celui qui, de leur propre aveu, avoit l'un des plus contribué à nous sauver tous, trois semaines auparavant. D'ailleurs on faisoit des motions au Palais-Royal et dans plusieurs cafés. Les imaginations ardentes de quelques-uns de nos collègues leur représentoient déja les ombres sanglantes des Foulon et des Berthier errant dans notre salle.

Quelles que fussent nos représentations, nous ne pûmes jamais faire comprendre à la multitude ce que c'étoit que la *poudre de traite* (1); la plupart nous répondoient: — C'est de la *poudre de traître*.

Les choses en étoient là lorsque M. le marquis de la Fayette vint à notre aide.

On avoit déja forcé l'hôtel-de-ville; on y demandoit impérieusement la tête du marquis de la Salle : heureusement il n'y étoit pas, mais on n'en vouloit rien croire.

Notre général qui sait manier le peuple, et le mener où il veut sans le heurter, mit l'affaire en délibération. Il écoute avec patience, il répond à tout le monde, et même

(1) La *poudre de traite* ne sert qu'au commerce de la côte de Guinée, et se vend dans les ports pour cette destination précise : elle est inférieure en qualité aux autres poudres.

avec tant de gaieté qu'il fit rire ceux qui en avoient le moins d'envie. Quand on est maître de soi, on est le plus souvent maître des autres (1).

La nuit commençoit, le tumulte augmentoit, et rien ne finissoit. Bien des gens prétendoient que, de maniere ou d'autre, la catastrophe seroit sanglante. Malgré la confiance que m'inspiroit M. de la Fayette, je ne concevois pas, je l'avoue, comment il pourroit s'en tirer. Les scenes précédentes nous avoient avertis que le peuple avoit des volontés auxquelles il n'étoit plus guere possible de résister.

Pour le satisfaire et le calmer, on envoya cinquante hommes, tant bourgeois que soldats-aux-gardes, à la recherche de l'accusé. Cette complaisance ne produisit aucun effet. — « Il n'est pas loin, dirent quelques uns; mais on ne veut pas nous le montrer ». — « On alloit jusqu'à croire, m'a dit M. de la Fayette, qu'il étoit sous le bureau, caché entre mes jambes ».

Sur ces entrefaites, un long colloque s'éta-

(1) . . . . Qui sibi fidit
Dux regit examen.

HORAT.

blit entre notre général et un sergent de la garde de Paris. Celui-ci indiquoit un cabinet de l'hôtel-de-ville très propre, disoit-il, à cacher un homme. — Fort bien, répondit sérieusement M. de la Fayette, il faut fouiller ce cabinet ».

Nouvelle délibération à cet égard, et qui prit un temps considérable; c'est ce que l'on pouvoit faire de mieux. Enfin, le sergent fut autorisé à la recherche en question, et il partit avec main-forte.

Pour moi, fatigué de tant de vains propos, je cessai d'écouter; et me mis à considérer M. de la Fayette, car c'étoit mon vrai cadran pendant les heures désastreuses.

J'admirois son sang-froid et sa sérénité, qui alloient toujours en augmentant, tandis que le danger croissoit. Nous entendions en effet les cris de la Greve, et nous ne pouvions pas nous dissimuler que l'on s'y préparoit à de nouvelles exécutions.

Je m'apperçus enfin que, de moments en moments, notre général donnoit des ordres secrets, et dont personne, excepté ses voisins, ne pouvoit se douter.

Pendant ce tumulte et ces incertitudes, j'entendis un jeune homme effrayé dire tout haut : — « Faut-il donc compromettre tant de monde pour un seul homme » ? L'un de nous lui saisissant le bras : — « Malheureux ! vous voulez qu'on livre un citoyen généreux et notre défenseur ; un citoyen innocent ! c'est vous qui ne méritez plus de vivre, et je vais vous livrer en sa place ».

Quelqu'un, en peu de mots, termina ce différend : — « Ne voyez-vous pas, Monsieur, que vous parlez à un sot ; et ce sot est mon fils ».

Nous avancions dans la nuit, et les esprits n'en étoient pas moins agités dans notre salle, où l'on commençoit à s'ébranler. On y vouloit du sang : mais ceux qui en demandoient nous parurent avoir été payés pour souffler la discorde.

Le sergent qui avoit été vainement à la recherche du marquis de la Salle, et qui vouloit y retourner, revint avec son monde. les lumières s'étoient éteintes, il en redemandoit d'autres. — « C'en est assez, dit notre général. Mes amis, ajouta-t-il, vous êtes fatigués, et je ne puis plus : croyez moi, allons nous coucher tranquillement ; au reste, sachez que la Greve est libre maintenant, et que les rues adjacentes sont absolument dégagées. Je vous jure que Paris ne fut jamais plus tranquille ; allons, que l'on se retire en bonnes gens ».

A ces mots plusieurs s'élancent vers les fenêtres, ils regardent, et sont consternés de ce qu'ils voient ; l'ordre rétabli à leur insu. Au lieu de ceux qui les appuyoient, qui les excitoient, ils ne voient plus que de nombreux détachements arrivés de différents districts, des casernes des gardes-françoises et de celles des gardes-suisses. Tout-à-l'heure ils nous investissoient, et ce sont eux qui se trouvent investis. — Comment cela s'est-il donc fait, se disoient-ils? et ils en furent confondus.

M. de la Fayette reprend la parole. Après leur avoir parlé comme à de bons amis, il défilerent tous en l'applaudissant et en le comblant de bénédictions. On prévit dès lors ce qu'il a fait depuis pour le salut de la France, et l'on trouva que cette habile manœuvre valoit au moins le gain d'une bataille.

Quant au marquis de la Salle, on sait le reste. Il se constitua prisonnier. Son innocence fut enfin constatée par plusieurs arrêtés de la commune et par un décret infiniment honorable de l'assemblée nationale (1).

---

§. V.

De la présence de M. Necker dans l'assemblée des électeurs, le jeudi 30 juillet 1789.

La retraite et le départ de M. Necker avoient mis pour la troisieme fois la France en deuil; son rappel et son retour furent le signal d'une joie universelle.

De Versailles il se rend à Paris (2), la tête pleine de grands projets et le cœur gros d'humanité. Il vient visiter ces électeurs et ces représentants qui avoient eu tant de part à la révolution. Il parle, et nous croyons entendre Socrate, ce génie plein de douceur, plein de bonté.

Ses parents, ses amis et une foule de citoyens mêlés avec nous l'écoutoient dans un silence religieux, lorsqu'il s'écria : —

---

(1) Du 5 septembre 1789.

(2) Voyez les procès-verbaux de l'assemblée des représentants de la commune de Paris, N°. 4.

« Au nom de Dieu, Messieurs, plus de proscription, plus de scenes sanglantes!... ne consultez que votre cœur, et croyez que la bonté est la premiere des vertus, etc. ».

Ce digne et grand ministre vouloit faire remettre en liberté le baron de Besenval, arrêté par nos ordres en vertu des suites du 14 juillet; il vouloit plus, il imploroit l'amnistie de tous ceux qui étoient en fuite, et qui l'avoient lui-même persécuté. Mais il sentit qu'il falloit de sa part un dernier effort pour triompher des ressentiments publics, et d'autant plus difficiles à vaincre que la cause en étoit récente. — « Je me prosterne, ajouta-t-il, non pas devant vous, Messieurs, qui, distingués par une éducation généreuse, n'avez besoin que de suivre les lumieres de votre esprit et l'instinct de votre cœur; mais je me jette aux genoux du plus inconnu, du plus obscur des citoyens de Paris, pour demander, etc. ».

Que ne peut l'éloquence jointe à la vertu! — Grace! grace! s'écrient unanimement douze ou quinze cents hommes en sanglotant.

Un citoyen se leve. Et quel citoyen! M. de Clermont-Tonnerre, il suffit de le nommer.

Malgré le ravissement général, il parvint à s'attiter l'attention par les regards enflammés qu'il lança sur l'assemblée : nous l'avions entendu avant qu'il eût parlé.

— « Pardonnons, dit-il, aux vaincus, comme nous avons combattu les superbes. Voici entre le trône et nous, ajouta-t-il en montrant M. Necker, voici un homme sur lequel nous pouvons compter. Tout nous releve, tout nous soutient; la puissance des choses, et l'énergie de notre courage. Daignerons-nous encore haïr des ennemis quand nous n'avons plus à les craindre? Que peut-on nous opposer? Des armées? Nous les battrons. Des injures? Nous nous tairons. Montrons à l'Europe le François dans toute sa gloire, dans tout le charme de son caractere. Je le vois, je le sens; ce vœu de mon cœur est celui de tous les vôtres ».

Dès lors on n'entend plus que ces mots: — Pardon! Grace! Amnistie! Et des ordres sont promptement expédiés pour remettre M. de Besenval en liberté.

Les districts, dont nous n'étions que les fideles représentants, ne jugerent pas à propos, dans leur sagesse et leur toute-puissance, de ratifier notre arrêté (1). Les ordres que nous avions donnés furent révoqués le même jour à dix heures du soir.

---

§. VI.

Des intérêts du roi, et de la conduite des François dans les conjonctures actuelles.

Le 14 juillet qui s'approche, et l'engagement que j'ai contracté, ne me laissent pas le temps de parler de tout ce que j'ai vu, entendu et remarqué; mais d'autres en parleront. Je vais donc finir par deux citations relatives à mon sujet. L'une est tirée d'un livre de cet abbé qui de son temps voyoit le nôtre (2).

On peut se rappeller, et je l'ai déja dit très affirmativement, que notre révolution n'é-

---

(1) Le comité des subsistances envoya, sur les deux heures après midi, une députation à M. Necker. J'en étois, et je voulus le féliciter sur cette belle séance; mais il me dit avec douleur : — Depuis votre départ, il s'est passé bien des choses; tout est changé.

(2) L'abbé de Mably.

toit pas moins utile au prince qu'à ses sujets. J'en ai pour garant l'auteur de Phocion et de tant d'autres ouvrages qui deviendront classiques, du moins dans l'école de la liberté françoise; car nous aurons aussi la nôtre.

« Le prince, dit l'abbé de Mably, verra qu'en se démettant de son pouvoir, il l'augmentera; que ses sujets, conduits par l'amour, la confiance, l'estime, le respect et la vénération, se précipiteront à ses pieds ».

« Toute l'énergie de son ame se développant alors, il jouira du pouvoir le plus étendu que puisse posséder un homme, de la gloire d'avoir fait une nation libre, du plaisir d'avoir affermi la fortune de sa maison, et de penser que les générations vertueuses qui vont se succéder seront son ouvrage ».

« Croit-on qu'un nouveau Charlemagne ne puisse pas triompher de la corruption de sa cour et briser tous les obstacles qu'on voudroit lui opposer? Voyez ce que Pierre Ier a fait chez les Russes. *Le prince que je prédis* fera, sans doute, toutes ces réflexions. N'en doutez pas. C'est dans la nature même de l'homme et de la société qu'il puisera ses loix. En établissant le grand intérêt du bien public, en nous le faisant aimer, il nous détachera sans effort de tous ces petits vices obscurs et bas qui nous lient si étroitement à notre intérêt personnel, etc. (1) ».

L'autre citation est empruntée d'un journal que peu de gens osent approuver, mais que tout le monde lit (2).

Les dix Commandements des François.

I.

« AIME ton Dieu pardessus toutes choses ; et ta patrie comme toi-même.

I I.

« Secours tes semblables, comme s'ils ne formoient avec toi qu'une même famille.

I I I.

« Sois fidele A LA NATION, A LA LOI ET AU ROI, et défends la liberté au péril de ta vie.

(1) *De la Législation ou Principes des loix*, L. III, page 46.

(2) Chronique de Paris, année 1790, N°. 125.

IV.

I V.

« Combats nos ennemis, et par ton courage et par tes vertus, tu triompheras de leurs efforts.

V.

« Garde-toi d'admettre encore dans les emplois tout homme à qui la révolution a été préjudiciable.

V I.

« Méfie-toi des perfides caresses des grands et des sourdes menées des aristocrates.

V I I.

« Surveille les ennemis de la liberté : ne crains pas de dénoncer leurs conspirations; ton silence te rendroit aussi coupable qu'eux.

V I I I.

« Ne juge jamais de leur conversion par leurs sacrifices; redoute la trahison sous le masque du patriotisme et de la bienfaisance.

I X.

« Sois fier sans hauteur; plains tes ennemis sans les craindre; pardonne-leur sans foiblesse, et combats-les sans frayeur.

X.

Homme-citoyen, rappelle-toi que tu as brisé tes fers; que les despotes de la France étoient sans humanité, parceque le peuple étoit sans courage : conserve ta liberté ; bénis l'Être suprême de te l'avoir fait recouvrer; et sois convaincu que si tu n'observes pas *ces commandements*, tu retomberas sous le joug pour y rester à jamais (1) ».

§. VII.

LA COURONNE MURALE, etc. etc. etc.

Accordée aux vainqueurs de la Bastille, par les Représentants de la nation, le samedi soir 19 *juin* 1790.

Cet heureux dénouement (2) a été aussi soudain que la prise de la Bastille. Les vain-

(1) Ces maximes pleines de sens et de raison, sont de M. Aubry Dussault, qui a si dignement présidé la commune de Fay et Lavau, lors de la formation de la nouvelle municipalité. Je souhaite que ceux qui prendront la peine de me lire s'apperçoivent qu'il y a entre ce bon citoyen et moi d'autres conformités que celles du nom.

(2) L'impression de ce volume finissoit, quand le sort des vainqueurs de la Bastille fut décidé à l'improviste.

queurs de cette forteresse, conduits par leurs commissaires, se rendent, pour la seconde fois, *à la barre* de l'assemblée nationale.

Un orateur célebre, plein d'énergie, et depuis long-temps embrasé de tous les feux du plus ardent patriotisme, M. Camus, plaide leur cause, propose un décret dont les articles sont acceptés d'un consentement unanime (1). Des cris de reconnoissance s'élevent, et la salle en retentit.

Le décret est conçu en ces termes :

Extrait du procès-verbal de l'assemblée nationale, du samedi soir dix-neuf juin mil sept cent quatre-vingt-dix (2).

« L'ASSEMBLÉE nationale, frappée d'une juste admiration pour l'héroïque intrépidité

---

(1) M. Barnave alloit appuyer la motion; il étoit à la tribune prêt à parler : de toutes parts on veut aller aux voix, et cette affaire n'éprouve pas une seule contradiction.

(2) M. Camus, représentant de la nation et mon illustre confrere à l'académie des inscriptions et belles-lettres, a bien voulu me procurer l'extrait du procès-verbal de l'assemblée. Cet extrait est revêtu des signatures de MM. les secrétaires, et scellé du sceau de la nation.

des vainqueurs de la Bastille, et voulant leur donner, au nom de la nation, un témoignage public de la reconnoissance due à ceux qui ont exposé et sacrifié leur vie pour secouer le joug de l'esclavage et rendre leur patrie libre » :

« Décrete qu'il sera fourni, aux dépens du trésor public, à chacun des vainqueurs de la Bastille en état de porter les armes, un habit et un armement complet, suivant l'uniforme de la nation ; que, sur le canon du fusil ainsi que sur la lame du sabre, il sera gravé l'écusson de la nation avec la mention que ces armes ont été données par la nation à *tel* vainqueur de la Bastille, et que sur l'habit il sera appliqué soit sur le bras gauche, soit à côté du revers gauche, une couronne murale ; qu'il sera expédié à chacun desdits vainqueurs de la Bastille un brevet honorable, pour exprimer leurs services et la reconnoissance de la nation ; et que dans tous les actes qu'ils passeront, il leur sera permis de prendre le titre de *vainqueur de la Bastille* ».

« Les vainqueurs de la Bastille, en état de porter les armes, feront tous partie des gardes nationales du royaume ; ils serviront dans la garde nationale de Paris : le rang qu'ils doivent y tenir sera réglé lors de l'organisation des gardes nationales ».

« Un brevet honorable sera également expédié aux vainqueurs de la Bastille qui ne sont pas en état de porter les armes, aux veuves et aux enfants de ceux qui sont décédés, comme monument public de la reconnoissance et de l'honneur dû à tous ceux qui ont fait triompher la liberté sur le despotisme ».

« Lors de la fête solemnelle de la confédération du 14 juillet prochain, il sera désigné pour les vainqueurs de la Bastille une place honorable, où la France puisse jouir du spectacle de la réunion des premiers conquérants de la liberté ».

« L'assemblée nationale se réserve de prendre en considération l'état de ceux des vainqueurs de la Bastille auxquels la nation doit des gratifications pécuniaires, et elle les leur distribuera aussitôt qu'elle aura fixé les regles d'après lesquelles ces gratifications doivent être accordées à ceux qui ont fait de généreux sacrifices pour la défense des droits et de la liberté de leurs concitoyens ».

« Le tableau remis par les vainqueurs de

la Bastille, contenant leurs noms et ceux des commissaires choisis parmi les représentants de la commune qui ont présidé à leurs opérations, et qui sont compris dans le présent décret avec les vainqueurs, sera déposé aux archives de la nation, pour y conserver à perpétuité la mémoire de leurs noms, et pour servir de bases à la distribution des récompenses honorables et des gratifications qui leur sont assurées par le présent décret ».

« Collationné à l'original par nous, secrétaires de l'asssemblée nationale, à Paris, le vingt-un juin mil sept cent quatre-vingt-dix ».

Signés, DUMOUCHEL, GOURDAN, PIERRE DEDELAY, Secrétaires.

---

§. VIII.

De la députation des VAINQUEURS DE LA BASTILLE *à l'assemblée nationale, le 25 juin* 1790.

> Curandum in primis, ne magna injuria fiat
> Fortibus et miseris.
>
> JUV.

LEUR premier sentiment, après le décret qui les avoit comblés d'honneur, fut celui de la reconnoissance. Ils brûloient de la témoigner aux généreux réprésentants de la nation. Mais hélas ! que le bonheur, déja si rare, est fugitif et trop souvent suivi de regrets !

L'envie qui ne permet pas que les belles actions restent impunies, avoit interprété l'honorable décret, l'avoit travaillé de maniere qu'il devint, contre toute apparence, la cause d'une fatale rivalité, et qu'en moins de deux jours, la chose publique fut en danger.

Nos ennemis, qui n'ont pas encore cessé de frémir au seul nom de la Bastille, et qui en détestent les vainqueurs, avoient tenté vainement de les corrompre pendant leur infortune prolongée d'une maniere insupportable. Dès qu'ils les virent satisfaits et contents, ils changerent de manœuvres ; se servirent de leur triomphe pour soulever contre eux et contre l'assemblée nationale, non seulement les citoyens équivoques, mais encore les plus décidés, dont ils piquerent l'amour propre, dont ils flatterent habilement les passions secretes.

« Sans vous, leur disoient-ils, qu'auroient fait ces prétendus vainqueurs ? S'ils ont essuyé le feu de la Bastille, n'avez-vous pas, chacun à son poste, affronté des dangers encore plus redoutables ? n'avez-vous pas contenu les troupes prêtes à fondre sur nous ? D'ailleurs ils n'ont fait que leur devoir, n'ont accompli que le vœu de tous les citoyens, et n'ont guere d'autre mérite que d'être arrivés les premiers à la Bastille ; car tout le monde y couroit. Pourquoi donc leur accorder les principaux honneurs et de la révolution et de la solemnité du 14 juillet ? pourquoi leur accorder le titre exclusif de vainqueurs de la Bastille ? Ce titre n'appartient qu'à la ville de Paris ».

C'est ainsi que l'on dénature les vertus et les faits les plus constatés : c'est ainsi qu'en supprimant l'attrait des récompenses on produit le dégoût, le désespoir, et que l'on prépare une contre-révolution. O que les électeurs, après tant d'heureux travaux, firent bien de se cacher, pour ainsi dire, et de se taire !

Non contents d'oser répéter ces sophismes incendiaires, et pleins d'ingratitude, à nos soldats nationaux si généreux, si constament dévoués à la pâtrie, ils leur représenterent encore comme autant de diadêmes, comme autant de sceptres tyranniques, et cette couronne murale, et ces sabres, ces fusils adjugés sans conséquences ultérieures par la nation, à des hommes modestes et qui se gardoient bien de montrer à tous propos, comme les faux braves, leurs récentes cicatrices.

Enfin ils eurent soin, et c'est ce qui devroit ouvrir les yeux sur leurs trames criminelles, de répandre parmi les braves qui avoient commencé l'insurrection (1), qui en avoient mérité les premieres récompenses, que les honneurs accordés par la municipalité à leur hardi patriotisme, ne seroient bientôt plus que des honneurs secondaires.

Faut-il être surpris qu'avec tant d'artifices, ils aient subitement changé l'opinion de la multitude; et que le public séduit, n'ait plus regardé que comme des usurpateurs et des aventuriers, de bons citoyens qu'il avoit si souvent applaudis, recommandés, et dont il avoit sincèrement déploré le sort, aussi injuste que rigoureux?

Dès lors il ne fut plus question dans Paris que de faire révoquer le décret, ou d'en ve-

(1) MM. les ci-devant Gardes-Françoises.

nir aux mains. L'enfer s'en réjouit, en tressaillit !

Ce feu soigneusement attisé par les infatigables ennemis de la constitution, par ceux qui ont juré de la détruire, alloit allumer un incendie qui, de proche en proche, pouvoit embraser toute la France, car c'est là ce qu'ils veulent et voudront jusqu'au dernier soupir.

Cependant nos chefs les surveilloient, et nous avions soin de les instruire d'un moment à l'autre des progrès de cette sourde commotion, mais telle que la ville se partageoit en deux factions. — Hâtez-vous, disoit-on ; déja l'on montre secrètement, on offre de l'or et des poignards.

Il n'y avoit pas une heure à perdre : la moindre hostilité pouvoit occasionner un grand carnage. On savoit cependant que les vainqueurs, habitants du fauxbourg Saint-Antoine, avoient remercié de leurs services plusieurs milliers d'hommes qui les étoient venus trouver la pioche ou la pique à la main.

Profitant de ces dispositions, nous invitons, à neuf heures du matin, tous les vainqueurs de la Bastille à se rassembler dans l'église des Quinze-Vingts (1), et nous nous y rendons nous-mêmes, le maire à notre tête.

Neuf cents bons patriotes, forts du décret dont ils avoient le droit de s'autoriser, consternés cependant, menacés, mais exempts de crainte, nous attendoient en silence et le feu dans les yeux. Et quels patriotes! Ceux qui avoient emporté la Bastille; ceux qui ne demandoient pas mieux que d'aller sur-le-champ en attaquer une autre; ceux enfin que la nation venoit de couronner après tant de promesses, après tant de délais.

Que leur dire? — « On vous a tout donné; il faut tout rendre ». Notre cœur en saignoit; nous eûmes cependant la force de le dire. — « Si l'on alloit nous prendre au mot, retirer toutes les graces et nous déshonorer »?

Notre maire fait signe qu'il va parler : on l'écoute d'abord avec respect; bientôt ils s'attendrissent, et se rendent à nos instances réitérées. — « Quoi donc! leur avions-nous dit, verserez-vous le sang de vos freres pour des distinctions frivoles? Après avoir fait une si grande action, refuserez-vous d'en

(1) Fauxbourg Saint-Antoine.

faire une autre plus sainte encore et plus sublime » ?

« Non, s'écrie l'un d'eux, et nous consentons à tout ce qu'il vous plaira. Tantôt, ajouta-t-il, je voulois mourir ; je veux vivre maintenant pour suivre un bon conseil ».

Tous nous témoignent le même vœu, non par des mots, non par des cris, mais par l'un de ces élans muets qui manifestent tout-à-coup la profondeur du sentiment.

Ils se regardent, et tous arrachent le signe de leur premiere victoire : tous remettent entre les mains de notre digne chef le ruban qu'ils portoient depuis la prise de la Bastille. — « Tel est, dit l'un d'entre eux, tel est notre arrêté ; nous vous en laissons la rédaction. Amis, ne perdons point de temps, afin que nos concitoyens ne tardent pas à reconnoître que nous méritions peut-être de leur part un peu plus d'égards et d'affection. Allons, camarades, marchons à l'assemblée ».

Ils entrent. A la lecture de cet arrêté (1), ré-

(1) On y lit cette clause essentielle : — « Renonçant, si le bien de la constitution l'exige, aux honneurs qui leur ont été accordés par le décret du 19 de ce mois ».

digé de maniere à ne point compromettre le véritable honneur qu'ils chérissent bien plus que tout le reste, un sentiment de tendresse et d'admiration se peignit sur tous les visages ; quelques uns seulement en frémirent, en pâlirent : on eût dit que la paix, descendue du ciel, les avoit confondus.

Les représentants de la nation reçurent avec sensibilité ce nouvel hommage, ce grand sacrifice ; tout le monde convint que ce nouvel acte de patriotisme l'emportoit sur le premier.

Persuadé que la concorde est rétablie, et charmé qu'on la doive aux vainqueurs de la Bastille, vainqueurs solemnellement reconnus, je me suis hâté, au sortir de la séance, d'envoyer ce dernier article à l'imprimeur.

Au reste, je pense trop bien de mes concitoyens pour ne pas croire qu'ils rendront justice à ceux qu'ils ont tant de fois célébrés.

FIN.

TABLE.

TABLE.

ERRATA.

PAG. 49, lig. 3, citoyens ortoit, *lisez*, citoyen sortoit.

51, lig. 3, couvrit, *lisez*, couvris.

130, lig. 12, *corrigez* le chiffre (1), et *mettez* (2) en place; *supprimez* ensuite le chiffre (2) qui est superflu.

195, lig. 8, dévouée, *lisez*, dévoués.

204, lig. 2, *lisez*, Quelles en ont été les récompenses? des promesses; les honneurs? des etc., etc.

252, lig. 2, proscription, *lisez*, proscriptions.

De l'Imprimerie de DIDOT aîné, rue Pavée Saint-André-des-Arcs.